À la CONQUÊTE de votre EMPLOI

Claude Raboutet

Elle a une expérience de plus de 15 ans au sein du service public de l'emploi et une connaissance approfondie de l'accompagnement de chercheurs d'emploi de tous profils, tous âges, tous niveaux. Elle a créé et continue d'entretenir un réseau de parrains issus du monde de l'entreprise afin d'éclairer les chercheurs d'emploi sur les attentes des recruteurs.

Bernard Legrand

Il est un ancien patron de PME et recruteur professionnel. Il connaît les attentes et la manière de procéder des entreprises et des recruteurs et s'attache à donner des conseils salvateurs pour aider les chercheurs d'emploi à préserver leur moral et leur combativité lors des ateliers qu'il organise avec Claude Raboutet.

Vous pouvez contacter les auteurs à l'adresse :
auteurs.mobilithon@gmail.com

Nous dédions ce livre aux millions de personnes qui cherchent un emploi avec énergie, pugnacité et qui sont en manque de repères.

Également, aux milliers de conseillers qui les accompagnent dans la dignité avec lesquels nous avons plaisir à travailler et échanger.

Le pictogramme ci-contre fait référence à la méthodologie que les auteurs utilisent, améliorent et font évoluer au fil des ans. Elle couvre toutes les facettes de l'accompagnement vers un premier ou un nouvel emploi.

Candidature Accompagnée
CV
Mobilithon®

START
Votre avenir en main

CLAUDE RABOUTET
BERNARD LEGRAND

Avec l'amicale contribution de Line Dorion

À la CONQUÊTE de votre EMPLOI

CV gagnants, lettres efficaces, entretiens réussis

Gualino
une marque de Lextenso

Les livres de la collection START Votre avenir en main ont un même objectif : **permettre à leurs lecteurs de « démarrer rapidement »** dans la matière développée par le livre.

Chaque livre est un **concentré à la fois de réflexion, de connaissances et d'actions** pour que le lecteur puisse, au final, en tirer profit dans la réalité de sa vie professionnelle.

« START » s'adresse à un **public élargi** constitué principalement de la **population active** au sein des entreprises privées et publiques, des **étudiants** qui sont au seuil de leur vie professionnelle et de **toute personne** intéressée par le sujet développé.

La collection « START » développe, à son lancement, les trois domaines suivants :

- **l'emploi ;**
- **les réseaux sociaux et la digitalisation des activités ;**
- **la création d'entreprise et l'entrepreneuriat.**

Remerciements

Nous tenons à remercier chaleureusement toutes les personnes qui ont contribué à l'éclosion de ce livre.
Marie-Hélène et Bernard, mes parents, qui m'ont inculqué les belles valeurs que sont le respect et le souci des autres, le sens des responsabilités et le goût du partage.
Patricia qui m'a témoigné, au long de ces années, une confiance qui m'a portée et m'a permis de m'épanouir dans ce rôle de « conseillère ».
Line, qui a contribué dès l'origine à la conception et à l'expérimentation de la méthodologie Mobilithon sur laquelle s'appuie ce livre. Sa participation a été décisive.
Émilie, qui a réalisé notre pictogramme « Candidature accompagnée ».
Claire, qui non contente de relire méticuleusement notre manuscrit, a multiplié des conseils forts qui nous ont obligés à aller vers plus de clarté et de rigueur dans la rédaction finale.
Et tous les candidats que nous avons accompagnés, qui nous ont fait part de leurs attentes, de leurs difficultés et nous ont aussi apporté beaucoup de bonnes idées.

70, rue du Gouverneur Général Éboué
92131 Issy-les-Moulineaux cedex
ISBN 978-2-297-07064-5

Introduction

Bernard : « *Jeune, svelte, sportif, cultivé, je suis très organisé et doté d'un excellent relationnel. Actuellement, je suis chef de service dans une grande multinationale.* »

Claude : « *Vous croyez vraiment ce que nous raconte Bernard ? Pour ma part, je ne suis pas convaincue du tout.* »

Claude a raison, bien entendu ! Qui pourrait accorder foi aux compliments qu'une personne s'attribue elle-même ?
Pourtant, à longueur d'année, dans les candidatures qu'ils nous envoient, les chercheurs d'emploi prennent grand soin de se dire « *Dynamique, motivé, organisé et doté d'un excellent relationnel* ». Pas plus que vous n'avez cru Bernard, **aucun recruteur ne saurait les croire**, surtout s'il vient de lire la prose de quinze autres candidats qui se sont tous parés des mêmes qualités.

Qu'il s'agisse de CV, de lettres de candidature ou d'autres techniques de recherche d'emploi, les préconisations les plus absurdes sont colportées par des livres, par la presse, par Internet, et parfois même par des conseillers professionnels, sans que nul ne se soucie jamais de savoir ce qu'en pensent les recruteurs. Or, qu'on le veuille ou non, **seul le recruteur a le pouvoir d'accepter ou refuser une candidature**. Faute de connaître et entendre ses attentes ainsi que de comprendre ses méthodes de travail, toute recherche d'emploi est vouée à l'échec.

C'est à cette découverte que nous vous convions dans ce livre en nous appuyant sur des cas vécus. Dans les pages qui suivent, nous nous adresserons simultanément à deux publics distincts :

- à vous, **chercheurs d'emploi**, quels que soient votre âge, votre profil ou votre recherche. Vous y trouverez un concentré de conseils pratiques, efficaces, directement issus de notre longue pratique professionnelle du recrutement et de l'accompagnement ;
- à vous également, **conseillers** qui épaulez ces chercheurs d'emploi, que ce soit au titre de votre métier, dans un cadre associatif ou à titre privé. Vous y trouverez un éclairage sur les raisons de nos recommandations, des méthodes à l'efficacité avérée, ainsi que des conseils pour l'animation de certains ateliers.

Par ce livre, nous voulons éviter que les espoirs des chercheurs d'emploi ne se fracassent sur un mur de refus, parce qu'ils ont appliqué des idées reçues dont la pertinence n'a jamais été évaluée.

SOMM

AIRE

SOMMAIRE

1

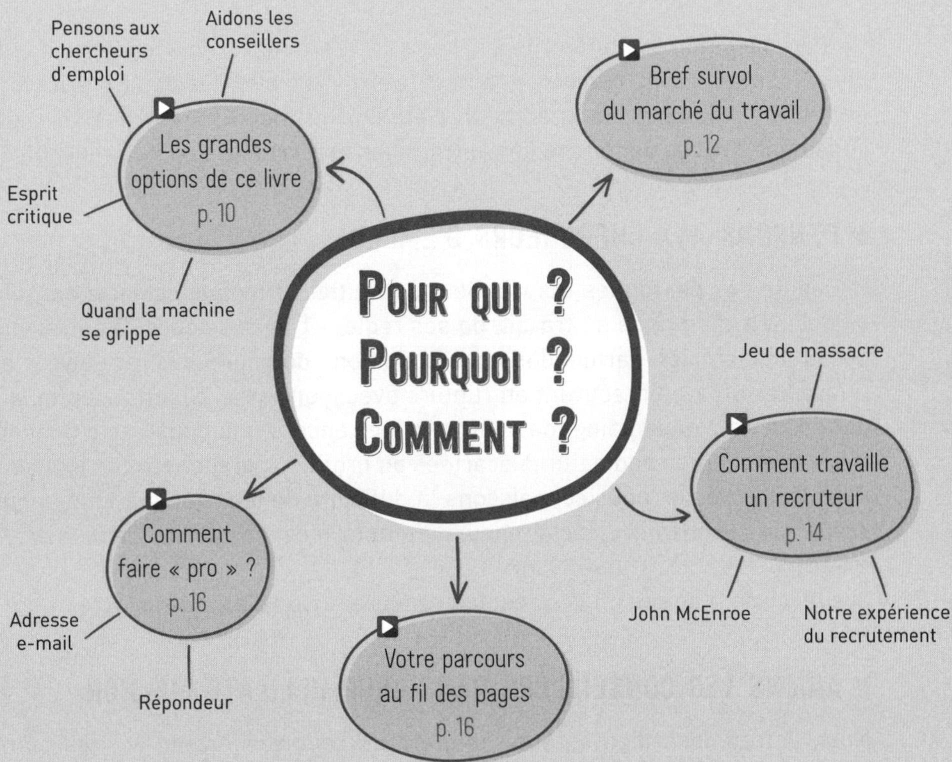
Pour qui ?
Pourquoi ?
Comment ?
Les grandes options de ce livre
p. 10
Pensons aux chercheurs d'emploi
Aidons les conseillers
Esprit critique
Quand la machine se grippe
Bref survol du marché du travail
p. 12
Comment travaille un recruteur
p. 14
Jeu de massacre
John McEnroe
Notre expérience du recrutement
Comment faire « pro » ?
p. 16
Adresse e-mail
Répondeur
Votre parcours au fil des pages
p. 16

Nous nous consacrons l'un et l'autre, depuis de nombreuses années, à l'accompagnement de chercheurs d'emploi dont les profils sont extrêmement variés. Ils sont de toutes origines sociales, tous âges, tous niveaux de formation ; les emplois qu'ils cherchent sont incroyablement divers et il advient même que certains ne sachent pas exactement vers quel métier s'orienter.

LES GRANDES OPTIONS DE CE LIVRE

Ce livre se veut résolument tourné vers les personnes en recherche d'emploi. Nous veillerons toujours à faire converger les attentes des trois acteurs de cette recherche : le chercheur d'emploi lui-même, les conseillers qui l'épaulent dans sa démarche, les entreprises et recruteurs qu'il va rencontrer.

PENSONS AUX CHERCHEURS D'EMPLOI

Celles de ces personnes qui viennent de quitter le monde scolaire ont tout à découvrir du monde du travail, de ses règles et de ses codes. D'autres ont perdu leur emploi, parfois dans des conditions douloureuses, et doivent se réinventer un avenir, souvent en rupture avec leur passé. D'autres, enfin, qui ont passé la cinquantaine, devront travailler encore une douzaine d'années, mais voient leurs candidatures écartées au profit de personnes plus jeunes.
Pour l'avoir vécue, nous connaissons la difficulté de leur quête à tous ; nous savons que le chemin des chercheurs d'emploi n'est pas jonché de pétales de roses.
Les aider de manière efficace est la première raison d'être de ce livre.

AIDONS LES CONSEILLERS DANS LEUR DÉLICATE MISSION

Nous entretenons bien entendu une étroite connivence avec de très nombreux conseillers, dont le métier est d'épauler ces chercheurs d'emploi. Peu importent l'intitulé exact de leur fonction et le cadre dans lequel ils l'exercent, qui peut être :

- le Service public de l'emploi : Pôle emploi, Mission locale, PLIE, maison de l'emploi ;
- un organisme associatif ou professionnel, APEC, Chambre de commerce et d'industrie (CCI), Chambre des métiers et de l'artisanat, Chambre d'agriculture ;
- un cabinet de ressources humaines, d'outplacement, de transition professionnelle ;

- une cellule de mobilité interne/externe d'une entreprise ;
- une agence de travail temporaire ou de recrutement ;
- une école, une université, un institut de formation, un CFA ;
- une association ;
- sans oublier les innombrables conseillers qui exercent bénévolement, à titre privé.

Force est de constater que la tâche des conseillers qui épaulent ces chercheurs d'emploi n'est pas aisée. Pour certains, ce métier est leur premier emploi ; beaucoup n'ont jamais exercé le métier de recruteur, ils sont donc nombreux à être en manque de repères.
Il est important que nous leur apportions le même éclairage afin qu'ils puissent améliorer leur pratique, l'adosser à des exemples concrets et prodiguer aux chercheurs d'emploi des conseils efficients, porteurs de réussite.

Certains passages du livre seront donc très spécifiquement destinés à toutes ces personnes qui épaulent les chercheurs d'emploi ; nous les appellerons « conseillers » sans préjuger de la dénomination exacte de leur poste.

Pour être aisément repérables, les paragraphes plus particulièrement destinés aux conseillers apparaissent sur fond orange assortis du pictogramme ci-contre.

▶ FAITES PREUVE D'ESPRIT CRITIQUE

Nous ne détenons aucune vérité qui nous serait tombée du ciel mais nous cumulons à nous deux des dizaines d'années d'expérience significative : chef d'entreprise, recruteur professionnel, conseiller en insertion professionnelle et même chômeur de longue durée. Autant de vies, autant de peaux, qui attestent que nos conseils ont été acquis durement et soumis à l'épreuve des faits et du terrain.

Il faut avoir, comme nous-mêmes, reçu un jour 80 à 100 candidatures pour un même poste pour comprendre les raisons qui font qu'un recruteur écartera certaines d'entre elles en trois secondes, sans aucun état d'âme. Et notre expérience montre que ni l'excessive originalité, ni les suggestions atypiques qui fleurissent sur Internet, ne sont bonnes à recommander car le plus souvent, au lieu de distinguer le candidat, elles le **pénalisent**.

Bien sûr, vous entendrez ici ou là des conseils très différents des nôtres, forgez-vous votre propre opinion mais en veillant chaque fois à vous interroger sur le bien-fondé de ces conseils et sur les raisons qui justifient tel ou tel avis que vous auriez reçu.

Conseiller

Beaucoup de fausses bonnes idées et de conseils mille fois répétés font d'incroyables dégâts auprès des chercheurs d'emploi. Notre ambition est de vous prodiguer un éclairage extérieur, vous donner des repères, vous apporter des cas concrets, pour vous aider à ne jamais transiger sur tout ce qui pourrait desservir, si peu que ce soit, les personnes que vous épaulez.

QUAND LA MACHINE SE GRIPPE

Comment se fait-il qu'un chercheur d'emploi se bloque soudain, incapable de continuer à chercher ? Pourquoi n'entend-il plus les avis de son conseiller et refuse-t-il d'appliquer ses recommandations ? Nous décrirons ce qui provoque cette « Grande glaciation » dans notre dernier chapitre, p. 157.

Notre connaissance des blocages induits par le chômage de longue durée vous aidera à y voir clair et à trouver les moyens de relancer ce processus qui se grippe si facilement.
Pour vous aider, un chapitre final est consacré à l'**hygiène mentale** qu'il faut adopter pour résister au découragement et repartir sans cesse à l'assaut d'un emploi jusqu'au succès.
Mais essayons d'abord de comprendre pourquoi il est parfois si difficile de trouver un emploi.

BREF SURVOL DU MARCHÉ DU TRAVAIL

Pour prendre la juste mesure de la difficulté qu'il y a à trouver un emploi, il faut avoir une idée du nombre de personnes avec lesquelles chaque chercheur d'emploi entre en compétition. Combien y a-t-il de chercheurs d'emploi ?

Commençons par lever l'ambiguïté entre les termes « chercheur d'emploi » et « chômeur ». Est « chercheur d'emploi » tout individu qui cherche un emploi, même s'il en a déjà un, qu'il soit ou non suivi par Pôle emploi. La signification du terme « chômeur » est bien plus stricte.

« Chômeur » est un terme défini par le Bureau international du travail (BIT) ; pour faire simple (pour une définition rigoureuse, consulter : *https://www.insee.fr/fr/metadonnees/definition/c1129*), il désigne les personnes qui n'ont pas travaillé une seule journée au cours du mois écoulé. Dans la terminologie de Pôle emploi, on les appelle « chômeurs de catégorie A », ce qui est un abus de langage puisque le BIT ne fait aucune segmentation en catégories. Ainsi, les chiffres qu'on vous présente au journal télévisé de 20 heures laissent de côté toutes les personnes qui ont exercé un emploi précaire de quelques heures ou quelques journées, comme c'est hélas de plus en plus fréquent.

Croit-on vraiment que ces maigres emplois justifient qu'on dissimule la détresse de ces personnes ?

En France, au début de l'année 2018, on dénombrait environ 3,9 millions de chômeurs en catégorie A. Si on ajoute les 2,8 millions des catégories B et E, on atteint 6,7 millions de chômeurs dont 340 000 pour les DOM !

Mais, pour être comptabilisé, encore faut-il être inscrit à Pôle emploi. De ce fait, le dénombrement ci-dessus ne tient aucun compte des innombrables personnes qui ont été radiées, de celles qui, arrivées en fin de droits et ne recevant plus aucune aide, sont devenues invisibles, ni de celles, enfin, qui, déçues par Pôle emploi, ne se réinscrivent pas. C'est une masse très difficile à cerner ; certaines sources l'évaluent entre 200 000 et 300 000 personnes.

Le décompte ne s'arrête pas là ; parmi les personnes qui cherchent un emploi, il faut aussi compter celles qui ont déjà un emploi mais veulent en changer. Elles entrent en concurrence frontale avec les sans-emploi, lesquels sont désavantagés, car un recruteur préférera souvent celui qui a un emploi à ceux qui sont englués dans le chômage depuis des mois. Cette population est également difficile à évaluer, mais on peut recouper de multiples sources d'information.

Si l'on fait un décompte significatif du nombre de chercheurs d'emploi, voici ce à quoi on arrive :

Inscrits à Pôle emploi, catégorie A	**3 900 000**
Inscrits à Pôle emploi, catégories B, C, D, E	**2 800 000**
Estimation basse des radiés, des non-inscrits et personnes dans l'emploi	**600 000**
Total	**7 300 000**

C'est plus du double des chiffres usuellement annoncés. Ces chiffres vous semblent abstraits ? Songez que c'est plus que la population d'un pays comme le Danemark ou l'Irlande. Qui pourrait imaginer un pays dont tous les habitants seraient au chômage ?

Dans ces conditions, chaque offre d'emploi publiée draine un nombre très impressionnant de réponses. En région parisienne, c'est généralement plus de 50 réponses, avec des pics à 600 ou 700 ; en province, c'est au moins 30 réponses pour chaque offre publiée.
Ces chiffres expliquent la manière dont les recruteurs travaillent ; regardons-y de plus près.

COMMENT TRAVAILLE UN RECRUTEUR

JEU DE MASSACRE

Un DRH nous disait récemment qu'il avait reçu 77 réponses à une offre d'emploi qu'il avait publiée et qu'il allait donc décevoir 76 candidats. Essayons de rendre ces chiffres plus concrets.
Si vous collez côte à côte 5 CV (5 feuilles A4), cela fait 1 mètre de large. Alors 77 candidatures représentent... plus de 16 mètres de papier ! Ceci rien que pour les CV, et encore autant pour les lettres qui les accompagnent ; c'est assez pour faire le tour des murs du bureau du DRH !
Croyez-vous sérieusement que le recruteur puisse lire cette masse d'information ? Non, bien sûr !

Voici donc les toutes premières vérités que vous devrez avoir à l'esprit :

- **votre CV n'arrivera jamais seul** sur le bureau d'un recruteur. Sauf à utiliser des techniques que nous exposerons plus tard, vous serez **toujours en compétition** avec d'autres candidats ;
- le recruteur **ne lira pas votre CV**, il le **survolera** et éliminera en quelques secondes tout CV chargé, confus, mal structuré ou fantasque, comme nous en verrons plus loin dans ce livre (l'expérience nous l'a prouvé, certains CV sont éliminés au premier regard, en moins de 3 secondes) ;
- au final, il n'y aura qu'**un seul élu**. Rien ne sert d'être bon, vous devez être **le meilleur**.

Ne vous découragez pas ! Nous verrons, dès le prochain chapitre, **comment rendre votre CV assez attractif** pour passer aisément ce premier écrémage et vous ouvrir les portes d'un entretien.

NOTRE EXPÉRIENCE DU RECRUTEMENT

Certains chercheurs d'emploi envoient des dizaines de candidatures, parfois des centaines, sans que jamais une seule ne soit retenue parce que personne ne leur a expliqué quelles règles observer pour que leur candidature ait une chance de percer. Pire encore, il arrive que des professionnels de l'accompagnement leur aient prodigué, en toute bonne foi, des conseils qui sont en totale contradiction avec les pratiques et les attentes de la plupart des entreprises parce qu'ils n'en connaissent les codes qu'au travers de conseils qui circulent et se répètent depuis des années sans le moindre début de confirmation.

Combien en avons-nous rencontré de ces candidatures qui n'avaient aucune chance d'aboutir !

Comment avaient-elles pu tromper la vigilance des conseillers qui auraient dû tenir la main de ces candidats ? Nous allons vous doter de règles fortes pour éviter pareilles catastrophes.

Nous exploiterons les multiples sources d'étonnement offertes par notre pratique du recrutement pour vous proposer quelques **grands principes qui doivent structurer fortement vos démarches**.

Enfin, nous attirerons votre attention sur toutes les fausses bonnes idées qu'il vaut mieux oublier. Nous le disions plus haut, quand un recruteur lit 30 lettres de candidats qui se disent tous motivés et dynamiques, comment pourrait-il les croire ? Il sera enchanté de recevoir le 31e dont la lettre ne dit rien de tel, mais qui a su, par le style et la pugnacité de sa lettre, montrer son engagement et crédibiliser sa candidature.

JOHN McENROE

John McEnroe fut, dans les années 1980, l'un des plus brillants joueurs de tennis.
Lorsqu'il était au service, il avait la surprenante particularité de tourner le dos au filet, et donc à son adversaire, puis pivotait sur lui-même en sautant pour frapper la balle. De ce fait, ses balles étaient imprévisibles et son service était redouté.

Est-ce pour autant qu'il faudrait enseigner à tous les joueurs de tennis de tourner le dos au filet au moment de servir ? À l'évidence, non ; ce qui est valable pour un joueur de génie comme McEnroe conduirait la plupart des autres joueurs à l'échec.

Mais quel rapport avec la recherche d'emploi ?

Sans doute entendrez-vous parler de telle personne ou telle autre qui ont trouvé un emploi avec l'une de ces idées reçues, diamétralement opposée à ce que nous préconisons. Est-ce une raison pour les imiter ? Non, évidemment. Comme pour le tennis, il vaut mieux adopter des méthodes qui ont statistiquement fait la preuve de leur pertinence. Nous veillerons à ne vous présenter que des **méthodes éprouvées**, pas des idées toutes faites dont la pertinence n'a jamais été confirmée.

Certes une candidature peut respecter scrupuleusement nos conseils et ne pas être retenue, en raison d'autres candidats mieux qualifiés ou déjà préemptés ; il serait vaniteux de notre part de vous garantir le succès à coup sûr mais les méthodes que nous préconisons ont fait la preuve de leur pertinence.

VOTRE PARCOURS AU FIL DES PAGES

Voici les étapes auxquelles vous allez absolument devoir vous préparer :

- rédiger des CV gagnants qui vous démarquent des autres candidats ;
- écrire des lettres qui dépeignent votre personnalité, votre projet, votre ambition et chercher les cibles auxquelles adresser vos candidatures ;
- vous préparer aux entretiens d'embauche et apprendre à improviser ;
- adapter vos stratégies aux différentes entreprises que vous pensez viser ;
- veiller à préserver votre équilibre et votre souffle, comme un coureur de fond.

Mais avant tout cela, vous devez **vous présenter en professionnel**, pas en amateur ; voici comment.

COMMENT FAIRE « PRO » ?

Dans toute la suite de cet ouvrage, nous n'aurons de cesse de répéter que vous devez donner une impression de professionnalisme, ou pour les plus jeunes d'entre vous qui n'avez que peu ou pas travaillé, montrer clairement que vous êtes prêts à entrer dans la vie professionnelle, même si cela exige certains changements dans votre mode de vie.

Voici deux recommandations simples, des actions que vous devez **engager immédiatement**, avant la rédaction de vos CV et lettres de candidature.

▶ RECOMMANDATION 1 : VOTRE RÉPONDEUR

En votre absence, la messagerie vocale de votre téléphone mobile diffuse un message.
Bien des personnes se contentent du message prédéfini par l'opérateur de téléphonie qui ressemble généralement à « *Vous êtes sur la messagerie vocale du 06 52 43 .. .. ; veuillez laisser votre message après le bip* ». Pareil message ne sert à rien car, si la personne qui vous appelle a composé un faux numéro, elle ne prêtera aucune attention au message et laissera peut-être son message à un parfait inconnu. Vous manquerez des messages sans même le savoir.

Il est impératif que votre répondeur **spécifie votre prénom et votre nom** ; par exemple :
« *Bonjour, vous êtes sur la boîte vocale de Robert Muda ; laissez-moi un message, je vous rappellerai au plus vite. Merci* » ; cette fois, aucune ambiguïté n'est plus possible.

En page 111 nous donnerons quelques conseils supplémentaires, mais d'emblée faites **aujourd'hui même** cette modification qui ne vous prendra que peu de temps. Vérifiez, en appelant depuis un autre poste, que votre message est clairement audible, sans bruits parasites.

▶ RECOMMANDATION 2 : VOTRE ADRESSE E-MAIL

Les plus jeunes éprouvent parfois une certaine difficulté à passer de leur vie d'adolescent, où bien des fantaisies sont permises, à une vie d'adulte engagé dans une vie professionnelle où les apparences comptent énormément plus. Ceci exige parfois qu'ils modifient leur adresse e-mail.

Voici un petit florilège de quelques adresses incongrues que nous avons rencontrées ; nous leur avons toutes attribué un même nom de serveur de messagerie fictif (blabla.fr) :

pouet@blabla.fr
supernana@blabla.fr
cloclo.du.93@blabla.fr
margot.mina_50400@blabla.fr

Les trois premières sont totalement fantaisistes et ne donnent pas l'impression de sérieux qui convient lorsqu'on cherche un emploi. Nous attirons l'attention des jeunes lecteurs sur le fait que, une fois insérés dans une vie professionnelle, cette adresse les suivra pendant des dizaines d'années ; il vaut mieux qu'elle soit **dès maintenant à leur avantage**.

La dernière forme d'adresse est très répandue chez les personnes dont le nom et le prénom sont si répandus que les combinaisons classiques sont déjà toutes prises. Elles optent pour une adresse se terminant par leur département ou leur code postal, une option bien peu pertinente : vont-elles devoir changer d'adresse e-mail chaque fois qu'elles changent de ville ?

La plupart des adresses professionnelles sont composées du **prénom**, qu'on peut réduire à une ou plusieurs de ses premières lettres, suivi du **nom**. Selon qu'on les accole ou qu'on les sépare par un point, un **tiret normal** ou un **tiret bas** (underscore), cela fait déjà bien des combinaisons.

Par exemple, pour Serge Bron, on pourrait créer de très nombreuses adresses et autant encore en permutant le nom et le prénom :

Classique	Accolés	Initiale	Initiale collée	3 initiales	Tiret	Tiret bas
serge.bron	sergebron	s.bron	sbron	ser.bron	serge-bron	s_bron

Cela suffit dans la plupart des cas mais pas toujours hélas. Par exemple, il existe plusieurs centaines de Jacques Martin. Alors, plutôt que d'avoir recours au code postal, il est préférable d'utiliser une **lettre intercalaire**, qui peut être l'initiale du nom de votre mère, comme c'est l'usage aux États-Unis, ou tout simplement celle de votre second prénom, comme dans les exemples que voici :

john.f.kennedy	pour	John Fitzgerald Kennedy	[nom maternel]
magali.c.bondoux	pour	Magali Célia Bondoux	[second prénom]
victor.m.hugo	pour	Victor Marie Hugo	[second prénom]

Cette méthode permet aisément de trouver une **adresse e-mail sérieuse, durable et facile à mémoriser** si vous la dictez au téléphone à un interlocuteur.

Il est indispensable de faire ce travail maintenant car cette adresse devra figurer sur votre CV et sur vos lettres de candidature ; faites-vous aider au besoin.

Si vous craignez que cette nouvelle adresse perturbe vos correspondants habituels, rien ne vous empêche, en parallèle, de conserver temporairement votre ancienne adresse et, par ce qu'on appelle une « redirection », renvoyer vers votre nouvelle adresse les messages qui arriveraient sur l'ancienne.

Conseiller

D'autres recommandations touchent à l'intime (tenue vestimentaire, maquillage, hygiène corporelle, piercings) ou aux codes de vie en société (attitude, salutations, gestuelle). Elles requièrent beaucoup de tact et peuvent provoquer des réticences très fortes... mais vous devez les aborder avec le candidat.

2

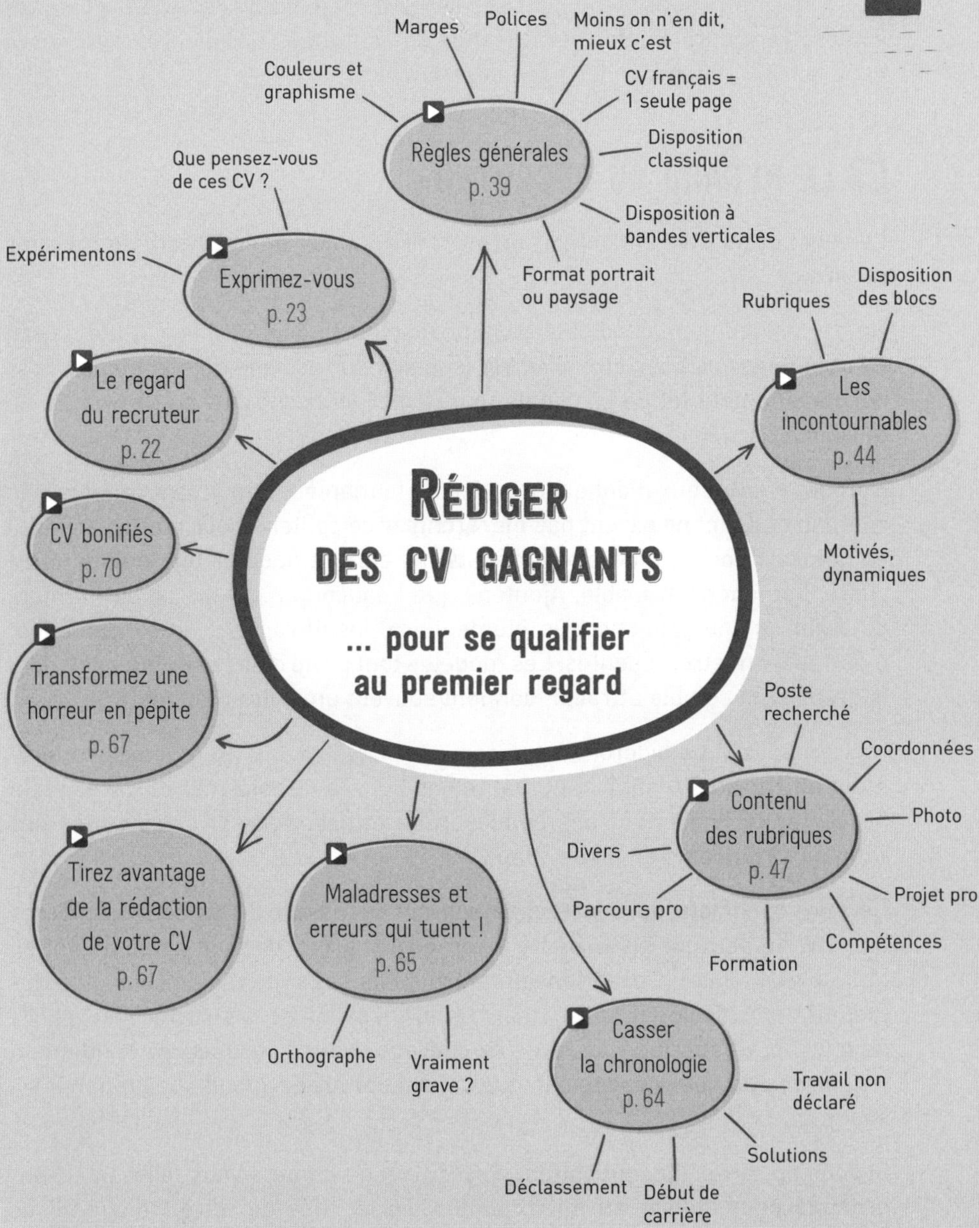
RÉDIGER DES CV GAGNANTS
... pour se qualifier au premier regard
Règles générales p. 39
Marges
Polices
Moins on n'en dit, mieux c'est
CV français = 1 seule page
Disposition classique
Disposition à bandes verticales
Format portrait ou paysage
Couleurs et graphisme
Exprimez-vous p. 23
Que pensez-vous de ces CV ?
Expérimentons
Le regard du recruteur p. 22
CV bonifiés p. 70
Transformez une horreur en pépite p. 67
Tirez avantage de la rédaction de votre CV p. 67
Maladresses et erreurs qui tuent ! p. 65
Orthographe
Vraiment grave ?
Casser la chronologie p. 64
Travail non déclaré
Solutions
Début de carrière
Déclassement
Contenu des rubriques p. 47
Poste recherché
Coordonnées
Photo
Projet pro
Compétences
Formation
Parcours pro
Divers
Les incontournables p. 44
Rubriques
Disposition des blocs
Motivés, dynamiques

Vous avez très certainement déjà entendu de nombreux avis divergents sur la manière de présenter et rédiger un CV ; comment savoir qui écouter ? Nous vous proposons la meilleure école qui soit : **jouez au recruteur et faites-vous votre propre opinion sur un lot de CV**. Vos choix vous aideront fortement dans la compréhension des pages qui suivront.

LE REGARD DU RECRUTEUR

Le seul but du CV est d'obtenir un entretien ; il doit être **attractif au premier regard.**

Hélas, beaucoup de candidats sont incapables de donner à leur CV le niveau de qualité requis pour être crédible face aux autres candidats et se positionner dans le petit lot de candidats que le recruteur choisira de convoquer en entretien.

Nombre d'entre eux n'ont aucune idée de la manière dont il faut organiser le contenu du CV et ne savent pas **hiérarchiser** ce contenu pour mettre en relief ce qui les valorise, enlever les détails mineurs et adopter une présentation claire, homogène et lisible. Ajoutons que beaucoup n'ont de leur traitement de texte qu'une pratique très élémentaire, insuffisante pour concurrencer d'autres CV mieux présentés. Les modèles tout prêts glanés sur Internet, dont le graphisme semble attractif, donnent souvent un piètre résultat.

Nos conseils vous aideront à rédiger votre CV de A à Z. Remodeler entièrement un ancien CV mal bâti et mal rédigé pour le transformer en CV gagnant ne demande finalement pas beaucoup de temps. Vous en découvrirez des exemples frappants en fin de chapitre.

Certains candidats, qui sont techniquement en mesure de réviser eux-mêmes leur CV, ne peuvent se résoudre à remodeler profondément ce qu'ils ont eu tant de mal à faire. L'expérience montre qu'ils se limitent bien souvent à des modifications de détail, sans jamais remettre en cause la structure ou le style de leur CV. Il faut que vous ayez ce courage. Nous expliquerons solidement les raisons de nos conseils afin que vous n'éprouviez aucune hésitation à les suivre.

Si vous éprouvez des difficultés, n'ayez aucune honte à vous faire aider, par exemple pour utiliser au mieux toutes les facilités de votre traitement de texte : tabulations, tableaux, format et espacement des paragraphes, etc.

Conseiller

Un CV n'arrive jamais seul entre les mains du recruteur et sera toujours en compétition avec de nombreux autres CV. Au final, seuls les 4 ou 5 meilleurs candidats seront conviés à un entretien. Or, vous savez bien que certains CV sont éliminés dès le premier regard, en moins de 3 secondes.

Ceci ne devrait **jamais arriver à un candidat bien accompagné.** Ne laissez jamais les personnes que vous épaulez produire un document moyennement crédible qui les retardera dans leur quête ou les conduira à l'échec ; cela vous ferait perdre, en plus, un temps considérable.

Veillez à ce que les candidats que vous épaulez soient réellement en capacité de mettre en œuvre efficacement nos conseils. Aidez-les si nécessaire.

Dans les pages qui suivent :

- nous vous dirons quelles présentations éviter à tout prix et vous donnerons des raisons de ne pas tomber dans les mêmes ornières ;
- nous vous expliquerons pourquoi certaines constructions de CV utilisées depuis des années, et souvent recommandées, ne sont en réalité pertinentes que dans de très rares cas et s'avèrent néfastes dans la plupart des autres cas ;
- il nous est arrivé d'accompagner des candidats difficiles à « vendre » : celui qui n'a rien à dire ou beaucoup trop, celui dont la carrière est toute décousue ou trop linéaire, celui qui abandonne une carrière porteuse et repart à zéro dans une autre voie, et, bien entendu, le jeune qui n'a encore jamais travaillé et dont il faut pourtant vanter la candidature. Peu importe ce qu'est votre parcours, ayez confiance : **il y a toujours un moyen de le rendre attractif** ;
- enfin, vous découvrirez que des CV repoussoirs peuvent, avec peu d'efforts, et en moins d'une heure, devenir des CV gagnants. Transformer une horreur en pépite, comme nous le montrerons en page 67, est certainement de nature à vous inciter à faire cet effort vous-même ou à vous faire aider si nécessaire.

Passer une heure, voire une journée, pour obtenir des rendez-vous n'est pas du temps perdu.

EXPRIMEZ-VOUS

Nul n'oserait prétendre connaître LA recette qui marche, pas plus nous que quiconque.

Nous avons vu des milliers de CV : au format portrait ou paysage, chronologiques ou thématiques, en noir ou en couleurs, et même un CV d'une douzaine de pages avec couverture rhodoïd et reliure à spirales qui avait certainement coûté une petite fortune ! Certains avaient été réalisés par les candidats eux-mêmes, d'autres avaient été faits par un ami, une relation, un conseiller professionnel, tous étaient certains d'avoir adopté la présentation la plus convaincante.

Hélas, l'expérience montre que si certains CV débouchent sur des entretiens, d'autres sont systématiquement écartés, parfois dès le premier regard. Ce n'est pourtant pas une fatalité ; la plupart du temps, il eut été possible de rendre ces CV assez attractifs pour retenir l'attention d'un recruteur.

Alors, oubliez tous les arguments qui militent pour telle ou telle forme de CV car il existe mille autres raisons, tout aussi bonnes, pour adopter une forme totalement différente.

▶ EXPÉRIMENTONS !

La seule manière d'y voir clair, c'est d'accepter sans *a priori* le verdict d'une **expérimentation** menée **avec rigueur et dans la durée**. C'est ce que nous vous proposons en vous conviant au début de ce chapitre à faire, vous aussi, cette démarche.

Au fil des douze dernières années, nous avons présenté un même lot de CV à des personnes très diverses : étudiants, professeurs, chercheurs d'emploi, conseillers en insertion professionnelle, recruteurs, etc. Nous leur demandions de choisir quels étaient les candidats qui, selon eux, mériteraient d'être conviés à un entretien. Ce tri étant fait, nous leur demandions quels étaient les deux meilleurs CV, en décernant une médaille d'or à l'un d'entre eux et une médaille d'argent à un autre.

C'est ce que nous allons vous proposer de faire.
Sachez que ce protocole donne des résultats très stables dans le temps et remarquablement concordants d'un groupe de participants à un autre.

▶ QUE PENSEZ-VOUS DE CES CV ?

Dans les pages qui suivent, nous vous présentons douze CV (des CV authentiques auxquels nous avons appliqué un maquillage très élaboré) qui présentent une large palette de présentations, de contenus, de qualités et de défauts, fautes de français ou d'orthographe comprises. Ils sont assez représentatifs des milliers de CV qui sont passés entre nos mains, même si nous avons choisi de ne pas vous montrer les plus mauvais.

Pour que votre jugement ne soit pas influencé par des considérations esthétiques, tous ces CV sont en noir et blanc. C'est d'ailleurs ce qui advient le plus souvent aux CV envoyés par e-mail. Même s'ils sont en couleurs, le recruteur les imprimera en niveaux de gris pour économiser ses onéreuses cartouches couleurs.

Par souci de facilité, le nom et le prénom de ces candidats fictifs commencent par la même lettre : B pour Bérénice Bayanne (BB), L pour Louise Lombard (LL), N pour Nicolas Niepce (NN), etc. Dans la suite du livre, pour faire référence à tel ou tel CV particulier nous utiliserons soit le prénom (Louise ; Nicolas), soit ces initiales (LL ; NN).

Ces CV présentent des candidats d'âges, de profils et de métiers très différents : assistante de direction, coiffeuse, cariste, développeur web, etc. Faute de pouvoir comparer des choux et des carottes, vous devrez estimer si ces candidats ont su :

- exposer clairement leur parcours et leur projet professionnel ;
- se mettre en valeur ;
- faire la promotion de leurs connaissances et de leur pratique professionnelle.

Une seule question : **ont-ils su rendre leur candidature attractive ?**

Dans la grille qui vous sera proposée en page 38, marquez si OUI ou NON chacun des candidats mérite d'être convié à un entretien d'embauche. C'est cruel mais un recruteur ne fait que deux piles : oui et non ; il sait qu'il aura toujours assez de candidats dans la pile « oui » pour ne pas devoir en repêcher en prévoyant à cet effet une pile « peut-être ».
Une fois votre répartition faite, indiquez qui, parmi les candidats adoubés d'un OUI, mérite votre médaille d'or, et qui mérite votre médaille d'argent.
Ce test ne vous prendra guère qu'un quart d'heure, le temps que prendrait un recruteur professionnel pour faire son premier tri avant qu'il ne reprenne et examine un par un, longuement et très en détail cette fois, les « bons » candidats.
Nous nous appuierons ensuite sur ces CV pour illustrer nos conseils ou nos critiques.
Voici les CV que nous soumettons à votre jugement. Ils vous sont présentés en ordre alphabétique.

Bérénice Bayanne

6 rue du Guet - 14700 Falaise
bb-du-93@euromail.com
06 07 06 07 06

née le 24 Avril 1992
Permis B, véhiculée

COIFFEUSE

COMPETENCES

- ✓ Accueillir le client et l'installer
- ✓ Identifier la coiffure attendue (coupe, coloration, traitement, ...) et conseiller le client (morphologie, implantation des cheveux, ...)
- ✓ Présenter au client sa coiffure sous différents angles pour recueillir son avis
- ✓ Effectuer le diagnostic capillaire, les préparations du lavage et le shampoing
- ✓ Couper les cheveux (dégradés, effilés, piquetés, ...)
- ✓ Procéder à la mise en forme ou en volume des cheveux (enroulement, bouclage, brushing, ...), au coiffage, à la fixation ou brillance (laque, gel, ...)
- ✓ Préparer et appliquer des produits colorants, décolorants (mèches, ...)
- ✓ Encaisser le montant d'une vente
- ✓ Nettoyer le salon, ranger le matériel et les outils

FORMATION

2011-2012	**CAP de Coiffure**	Lycée Professionnelle Diderot - 93 Sevran
2010	Brevet des Collèges	Collège Buffon - 93 Villepinte

EXPERIENCES PROFESSIONNELLES

2014-2016	**Coiffeuse**	Salon **Exo-Tifs** - 156 rue de Paris - 77500 Chelles
2014	Emploi saisonnier	**Diminu-Tifs** - Avenue Bouthilliez - 17410 St Martin de Ré
2013	Caissière intérimaire	Intermarché - 93600 Aulnay-sous-Bois
2013	Stagiaire coiffeuse	Salon Lonlaire - 6 impasse Gambetta - 93 Sevran
2012	Stagiaire vendeuse	Cosmétiques Africa Hair & Beauty - 93 Sevran

QUALITES PERSONNELLES

Sérieuse, ponctuelle, dynamique, active, je fais preuve de beaucoup d'initiative
J'ai un très bon relationnel avec les clients ; j'ai l'esprit d'équipe

CENTRES D'INTERET

Shopping ; soldes ; Sorties entre amies ; cinéma
Zumba ; Triathlon

DOMBOLO Diakité
Résidence Avélélou
42 cours Bouillon - 86000 Poitiers
Tél : 06 54 32 10 00
Mail : dia_dombolo@euromail.com

Objectif : **Développeur Web**

Formation

2013 BTS Informatique de Gestion, École EPITA - Paris

2010 Bac Scientifique, option SVT, Lycée Falopode - Poitiers

Compétences

Systèmes : Windows, Linux, Unix (AIX)
Langages : C, C++, C#, PHP/html, Javascript, Java, Visual Basic
Bases de données : MySQL et Oracle

Parcours professionnel

2015-2016 **Cohéris** (*Logiciels de Relation Clients*) - Asnières
Développeur web

Actualisation d'une interface client avec MySQL et PHP
Rédaction de la documentation - Formation des utilisateurs
Utilisation de jQuery pour la vérification de formulaire

2014 (7 mois) **Gravelourd S.A.** (*Société de Services en informatique*) - Londres
Développeur PHP et C#

Analyse de l'existant et du projet ; Rédaction du schéma fonctionnel
Programmation d'un site web de questionnaires paramétrables
Élaboration d'un protocole de test ; mise en service opérationnel
Formation des utilisateurs (14 personnes) et mise en mains

2013 Stage d'école de 3 mois **Alamarmit** (*Logiciels d'Intelligence Économique*) - Poitiers
Développeur web

Découverte des bases de données Oracle
Écriture d'une interface de requête en Pascal et Delphi
Implantation sur le site Intranet de la société

Divers et Centres d'intérêt

24 ans
Mobile sur toute la région Poitou-Charentes (Permis B + Véhicule personnel)

Langues	Anglais	Bonne pratique écrite et orale
	Arabe	À perfectionner

Boxe anglaise ; musculation ; footing

Fiona Fontaine

7 impasse Taga - 69006 Lyon

09 18 27 36 45

fiona.fontaine@yahoo.fr

2 Février 1993 (23 ans)

Permis en cours

EMPLOYEE ADMINISTRATIVE

COMPETENCES

- **Fonctions Administratives**
- **Informatique (Word, excell, internet)**

Secrétariat - Administration

- Accueil physique et téléphonique
- Tâches administrative courantes (courrier, classement)
- Gestion des rendez-vous et des réunions internes
- Achats, aprovisionnements
- Saisie d'écritures comptables
- Facturation, suivi des règlements, relances si nécessaire

EXPERIENCES / STAGES PROFESSIONNELS

2014-2016 : Secrétaire-Comptable
Grunt Télécoms à Villeurbanne

2013 : Assistante administrative (3 mois)
Evercold Climatisation à Lyon

2013 : Hôtesse de caisse (6 mois)
Couche-Tard Market à Sainte-Foy-lès-Lyon

2011-2013 : Secrétaire intérimaire
Randstad Intérim à Lyon
3 missions représentant au total 22 mois

LANGUES

Anglais : Lu, écrit, parlé (notions)

FORMATION / DIPLOMES

2011 : 1ère année de **BTS Assistante de Gestion PME-PMI**

2010 : **Bac Sciences Technologiques de Gestion**

CENTRES D'INTERETS

Danse contemporaine et classique
Bénévole aux Restos du Cœur depuis 3 ans

MES ATOUTS

Très bon relationel
Grande motivation à aprendre et progresser
Ponctuelle et assidue
Rigueur et sens de l'organisation

Disponible imédiatement

Justin **Jalon**

1, rue Auguste Renoir
93600 Aulnay sous bois

01-48-49-50-51
06-05-04-03-02

justin.jalon@free.fr

Responsable de Service Après-Vente

Parcours Professionnel

Actuellement	**Conducteur de VTC**	Rue Manga SARL	En activité
2015-2016	**Coursier**	TNT (Transports Express)	Intérims : 2x2 mois
2014-2015	**Equipier groupage**	DHL	CDD 6 mois
2014	**Responsable de point-relais**	Colis-Portage SAS	CDD 3 mois

2010-2013 **Responsable Service Clients**

Claar Cellars — *Cave viticole - **Santa Monica, USA***

- Garant de la gestion de la satisfaction client, sous contrôle direct de la Direction Générale
- Mise en place et développement des enquêtes annuelles (panel de 5.000 clients)
- Encadrement d'une équipe de 10 personnes

2007-2010 **Adjoint au Directeur SAV** région Grand Ouest

La Foir'Fringues — *Prêt-à-porter dégriffé*

- Gestion du site de centralisation de Nantes
- Recrutement des conseillers de l'accueil clientèle
- Animation des cours de formation pour les télé-conseillers
- Relations avec le Call Center du SAV (externalisé)

2001-2007 **Assistant du Directeur de la logistique**

Gifts Cash & Carry — *Vente de cadeaux sur Internet*

- Suivi des flux d'appels ; répartition des charges sur les chaînes de préparation
- Responsabilité des approvisionnements et des stocks
- Suivi des retours clients et fournisseurs
- Contrôle de l'automatisation du magasin - Suivi des incidents

Formation

2000	**Licence professionnelle en logistique** (option e-marketing)
1998	**BTS Commerce International**
Informatique	**Conso-Plus** : Logiciel de gestion de la relation client Excellente maîtrise du **Pack Office** Microsoft (Word - Excel - Powerpoint)
Anglais	**Courant** (quatre ans passés en Californie)

Louise LOMBARD
8 Cours Sapié - 33780 Soulac sur Mer
09 18 27 36 45
louiselombard@orange.fr
Née le 14/07/1992 (25 ans)

Aide à la Personne

DOMAINES DE COMPÉTENCE

GESTES TECHNIQUES

- Aide à la toilette
- Prise des repas, surveillance des contraintes nutritionnelles
- Besoins de la personne, et hygiène associée
- Soutien aux gestes de la vie quotidienne ; déplacements
- Ménage et entretien du lieu de vie : sanitaires, literie, cuisine
- Entretien du linge, repassage, travaux de couture
- Hygiène, Gestes, Postures

ACTES RELATIONNELS

- Contacts avec les proches, courrier information régulière
- Distractions et jeux
- Activités de groupe

ATOUTS PERSONNELS

- Excellent relationnel
- Autonomie, indépendance
- Adaptabilité et polyvalence
- Goût du travail bien fait, sens du détail et de l'engagement personnel

PARCOURS PROFESSIONNEL

STAGES et PROJETS SCOLAIRES

03.2010 - 04.2010 - Projet scolaire

Lycée horticole - Saintes (17100)

Conception, réalisation, et animation d'une exposition sur l'eau et ses enjeux dans le cadre d'un projet scolaire, avec création de panneaux d'exposition, qui ont ensuite été transférés à Lausanne pour une exposition destinée aux enfants des écoles du canton. Conception et animation d'ateliers calqués sur le même modèle pour accueillir des classes de lycéens et le grand public, en partenariat avec la Fondation de France.

07.2012 - 09.2012 - Stage

Centre de réadaptation fonctionnelle - Royan (17200)

Animation d'ateliers sur des thèmes relatifs à la protection de l'environnement en Poitou-Charentes. Les cours d'eau, les étendues (étangs, lacs), la forêt des Landes, les essences d'arbres. L'accent a été tout particulièrement mis sur les risques d'incendies, en collaboration étroite avec un groupe de sapeurs-pompiers, avec information sur les systèmes de prévention et d'alerte, et les conduites à tenir tant en solo qu'en groupe.

EMPLOIS SALARIÉS

11. 2015 - 04. 2016

Maison de retraite *La Casa Bianca* - Arcachon (33120)

Permanence de nuit en binôme. Contrôle et prise des médicaments ; mise à jour du cahier de suivi des prescriptions médicales.
Toilette, couchage, veille lorsque le moral d'un pensionnaire l'exige.
Soins d'hygiène et changement de literie lorsque nécessaire. Petit déjeuner.
Passage de témoin à l'équipe de jour.

02. 2015- 09. 2015

Maison de convalescence *Cézanne* - Bordeaux (33100)

Suivi des convalescents. Contrôle et préparation des prescriptions médicales.
Accompagnement sur les lieux de soins (piscine, kiné, musculation, etc...)

12. 2013 - 00. 2014

Maison Médicalisée *Soleil d'Automne* - Pessac (33600)

Permanence médicalisée (jour et nuit en 3 x 8), en relation avec les praticiens conventionnés par le Groupement, ou médecins personnels des pensionnaires.

06. 2013 - 09. 2013

Maison de retraite *La Casa Bianca* - Arcachon (33120)

Accueil de jour. Toilette, repas, hygiène.
Activités manuelles : peinture, poterie, collages, activités de groupe

12.2012 - 05. 2013

Maison de santé *Le Gecko* - Pointe-à-Pitre (97110)

Soins liés aux fonctions d'entretien et de continuité de la vie (en doublure avec une A.S. diplômée), en vue de compenser partiellement ou totalement un manque ou une diminution de l'autonomie de la personne. Approche globale de la personne soignée et prise en compte la dimension relationnelle des soins.

FORMATION

2016 **Formation d'Aide-Soignante** (Diplôme D.P.A.S. non obtenu)
I.F.A.S. Hôpital des Bouclettes - Bordeaux (33100)
Seconde année en projet, en alternance

2009 **Formation Aide à la Petite Enfance**
CHU de Poitiers (86000) - service de Néonatalogie du Pr. Rumweiss
Stage pratique dans la maison de convalescence de Saint-Benoît

2009 **Perfectionnement "*L'enfant et l'eau*"**,
Union des Centres de Formation à la Voile (UCFV) - Royan (17200)
Participation à l'évolution des programmes de la première promotion expérimentale, et mise en conformité avec les directives préfectorales avant inspection du CHCVEG

2008 **BAFA complet** (diplôme obtenu)
Encadrement d'un séjour en double à Marnaz (74460)

Mireille **Monavis**

100 rue Tabaga
79130 Pougne-Hérisson

06 54 32 10 00

mireille.monavis@free.fr

Assistante de Direction

15 années d'expérience

35 ans - Mariée - 2 enfants (garde assurée) - Permis B + véhicule personnel

Assistante Administrative et Commerciale

Fonctions exercées :

- Gestion du parc et du stock de climatiseurs et PàC neufs et d'occasion
- Suivi complet des dossiers clients
- Facturations des installations et des opérations de maintenance
- Encaissements des règlements
- Relances clients et fournisseurs
- Commandes des unités neuves auprès des centrales d'importation
- Secrétariat du PDG et du service
- Pointage de comptes divers
- Gestion des comptes Trésor Public, ADEME, et Grenelle de l'environnement

J'ai exercé ces activités dans les quatre entreprises suivantes :

2011 à ce jour	Distributeur	**Daikin-Carrier-Mitsubishi**	Nice
2008- 2011	Concession	**Mitsubishi**	Menton
2001- 2008	Importateur	**Panasonic**	Nice
1998- 2001	Distributeur	**Carrier**	Hyères

Formation

2002	Initiation aux procédés de climatisation (formation constructeur)	
1998	**BTS**	**Comptabilité et bureautique**
1996	**Bac Pro**	Comptabilité et Bureautique
Langues	**Anglais**	Bonne communication écrite (mails) ; oral à perfectionner
Informatique	**Bureautique** **Logiciels**	Word, Excel, Powerpoint Clim-Pro et ACDC (spécialisés Climatisation)

Centres d'intérêt

- Rafting
- Sculpture (bois, pierre, marbre)
- Cinéma, bricolage, sorties familiales...

Nicolas Niepce

123 avenue Paul Cézane
13450 Grans
nicolas_niepce@hotmail.fr
06.05.04.03.02

23 ans - Permis B

COMPETENCES

- Lire un plan, préparer et organiser selon les consignes
- Reporter les cotes sur les matériaux et tracer
- Découper les éléments et les mettre en forme (cintrage, coudes, alésage, collet battu, ...)
- Marquer, positionner et assembler les pièces : collage, soudure, assemblage à olivettes
- Remplissage et mise en pression ; remplacement des fluides
- Mise en place et vérification de l'étanchéité
- Réalisations en atelier et sur chantier ; travaux en galerie

FORMATION

2015 Baccalauréat Professionnel T.M.S.E.C. Lycée Latécohère - Istres
(Technique en Maintenance des Systèmes Energétiques et Climatiques)

2013 Brevet d'Etudes Professionnelles T.I.S.T. Lycée Latécohère - Istres
(Technique des Installations Sanitaires et Thermiques)

2011 Brevet de secouriste (à réactualiser)

ACTIVITES PROFESSIONNELLES

Juillet 2015-Mars 2016 : **Soudo-Clim**, Lançon-de-Provence

Instalateur froid/climatisation

- Dépanage de vitrines réfrigérées, pose de chambre froides
- Entretien de climatisations

Février à Août 2013 : **Chaud et Froid**, Puyricard

CDD Technicien plomberie/chauffage -

- Installation et dépanage plomberie et chauffage
- Travail sur chantier (pose de tuyauteries, radiateurs, chaudières)

2012 Février et Juin : **Grunt-Chauffage**, Bouc-Bel-Air

Stages deTechnicien chauffagiste

- Entretien de chaudières fuel et gaz
- Dépanage plomberie (robinetterie, chasses d'eau, écoulements, fuites ...)

DIVERS

Anglais : Lu, écrit, parlé
Informatique : Word, Internet, B2I

CENTRES D'INTERET

Football, Randonnée VTT

Madame **Osborne Ophélie**
6 Impasse Pazaurouge
Marcq-en-Barœul
Téléphone : 02.34.56.78.91 Portable : 06.07.08.06.07 Email : ophelie_osborne@hotmail.fr
Situation de famille: Mariée 2 enfants (15 et 24 ans)
Nationalité: Française

Assistante de Direction

Administration - Comptabilité - Commercial - Informatique

- [février 2010 à juin 2016] Société GROUMPF Plombier-Chauffagiste 59810 Lesquin
- [avril 2005 à mai 2014] VAMOSSE Sous-traitant de Bouygues-BTP 60590 Gratouillons-les-Piécettes

Travail en simultané pour ces 2 entreprises comme Assistante de direction, secrétaire-comptable, chargée de la gestion du personnel

- Responsable de la gestion administrative comptable technique juridique et commerciale de chacune des entreprises
- Traitements divers : courriers, factures, fournisseurs ; Accueil physique et téléphonique, filtrages d'appels.
- Gestion des appels d'offres, DICT ; suivi des portefeuilles clients (80 et 210 clients respectivement)
- Indexation et archivage de tous les documents : administrations, relations cabinet comptable, charges sociales et organismes divers (URSSAF, ASSEDICS, TVA, Médecine du Travail…)
- Suivi et contrôle de la facturation, des créances, et des recouvrements. Suivi des règlements ; relances fournisseurs et clients Rapprochements bancaires,
- Remises en banque et virements. Transferts des fichiers de prélèvement ; factures clients et fournisseurs
- Suivi du personnel et Recrutement des Intérimaires. Tableau prévisionnel des congés
- Gestion et suivi des formations, EPI, saisie des paies : contrôle, et virements bancaires. Suivi des frais.
- Suivi des visites médicales. Autorisations chantiers pour le personnel (DRIRE ; Préfecture)
- Saisies comptables sous CIEL (logiciel comptable) jusqu'au bilan. Dépôt des comptes annuels au tribunal de Commerce, paiement des dividendes et déclarations afférentes.
- Mises en forme d'outils, supports commerciaux (Word / Powerpoint), documents techniques.
- Mise à Jour des tableaux de bord sous Excel
- Suivi commercial clients : prises de commandes, Planning, conseils techniques, juridiques…
- Bonnes maîtrises des outils bureautiques, télé-déclarations informatiques avec la DGFIP

Mes atouts : Autonome, discrète, rigoureuse, ambitieuse, volontaire, dynamique et disponible, je suis posée et réfléchie, dotée d'un excellent relationnel et d'une grande facilité d'apprentissage.

- [09-2015 à 10-2016] Le Maroilles-Chantilly Pasteurisé SARL 60412 Lutinons-les-Oies Blanches
  - Responsable administrative en charge du service commandes-facturations (2 personnes), expéditions et importations-douanes, saisie comptables et suivi de trésorerie
  - Mise en place et développement du logiciel douanier réglementaires d'importations et d'exportations, suivi des documents douaniers de transports, calcul et gestion des stocks, contrôle et élaborations tableaux de bords taxes douanières sur plus de 70 références de fromages, de toutes provenances et conditionnements.
  - Relations services douaniers et fournisseurs à l'étranger
- [2003- juin 2005] ALGOCHIMEX 59810 Lesquin
  - Secrétaire commerciale dans le commerce de la Salicorne et des algues alimentaires
- [2000-2003] NRA Nord-Picardie 59290 Wasquehal
  - Assistante commerciale et comptable du stand de tir et du magasin de vente d'armes ; démarchage clients et développement commercial
  - Relations commerciales avec la maison-mère en Bosnie. Importation d'armes de collection neutralisées. Tenue d'un petit musée des armes de guerre.
- [05- 1992 à 09-1995] VSR Votre Sécurité Renforcée 59280 Armentières
  Commerciale pour la vente de produits de sécurité (caméras, blindages, etc …) auprès des entreprises
  - Prospection et vente auprès des entreprises industrielles et entrepôts logistiques sur le 59
  - Préparation de salons professionnels et tenue du stand
- [09- 1991 à 04-1992] MAISONS KIKROULE 59810 Lesquin (
  Commerciale pour la vente de Maisons Kikroule sur les départements 60 59 62 02 et 80
  - Vente de maisons neuves auprès des particuliers de la région, connaissances techniques du prêt à finir.
  - Prospections clientèles, recherches de terrains. Etudes commerciales techniques et financières des dossiers.
- [week-end et étés 1987-1988-1989-1990] CAFPI (courtier en financement) 60590 Gratouillons-les-Piécettes
  - Montage pointu de dossiers de crédit aux particuliers pour l'agence commerciale
  - Etudes, suivi et accords des crédits. Gestion, relance et classements administratifs
- [1986] La Compagnie des Petits 59321 Bécotons-les-Bécasses
  - Responsable de la cafétéria du restaurant d'entreprise du groupe, aide aux préparations diverses.

Formation et Diplômes

- Diplôme de l'École des Assistantes de Direction (ECADIR) Amiens 1991
- 1er degré de comptabilité 1988
- DUT techniques de commercialisation - Lille 1990
- Baccalauréat G3: Gestion Commerce (STG) - Lille 1988

Langues Anglais : lu écrit parlé Espagnol : Langue maternelle

Loisirs Tennis ; joueuse et trésorière du Club de tennis
Kayak de mer ; Marche nordique

Divers Permis B, Véhiculée

Pierre **Pendiculaire**

Expérience et réalisations

Juillet 2016 – Décembre 2016	**StarWay AG** - Cosmos Technology Center (Sigmaringen, Allemagne) CDD de 6 mois au département *Methods and IT-Processes* ▪ Clarification et documentation des problèmes des utilisateurs de CATIA V5 (CAO) et Metaphase (PDM) ▪ Formation et support aux utilisateurs ▪ Définition des spécifications pour CATIA V5, Metaphase et l'interface CMI ▪ Définition de scénarii de tests et conduite de ces mêmes tests ▪ Elaboration d'un concept permettant le travail parallèle dans CATIA V5 de plusieurs processus à partir de mêmes données issues de Metaphase ▪ Coopération avec un groupe d'experts pour les concepts d'archivage des données Langues de travail : allemand et anglais.
Mai 2013 – Novembre 2015	**Blue Hammer** SARL (Paris, France) Fondateur et cogérant de la SARL Blue Hammer ▪ Direction de la société ▪ Développement de l'offre Arobase : service d'évaluation de la qualité et de l'ergonomie des sites Internet par l'intermédiaire de panels.
Juillet 2014 – Février 2015	**Brou Telecom** - Département CRM (Paris, France) Stage en entreprise: Partenariat Blue Hammer / Broutelecom ▪ Gestion des collaborateurs de l'équipe Blue Hammer, incluant : encadrement, définition des objectifs et suivis du développement du département CRM-Heuristique en liaison étroite avec les laboratoires de Francfort et Manchester. ▪ Formation des partenaires revendeurs aux technologies des bases de données clients ▪ Conception et développement Intranet/Internet PHP / MySQL / HTML / CSS
Juillet 2013 – Septembre 2013	**Krapul & Arnaak Finances** SAS (Paris, France) Période d'application en entreprise: ▪ Veille concurrentielle portant sur le marché des logiciels libres en zone Allemagne/Benelux en vue de l'implantation d'une filiale ▪ Structure allemande créée en décembre 2014 après mon départ.

Compétences informatiques

Gestion de projets	**MS Project, UML (Power AMC)**
Bases de données	**SQL/PLSQL, Oracle 8/9i, Relational Database, OODB, OLAP, Data Warehouse**
EDM/PDM	**Metaphase v3.2**
CAO	**CATIA V5**
Conception Internet	**PHP/MySQL, HTML, CSS, Javascript, ASP, JSP, XML/XSL**
ERP	**SAP, Oracle Application et Adonix**

Formation

2015 – 2016	**Mastère Spécialisé en Bases de Données et Progiciels** Institut Polytechnique de Saint-Pierre-Des-Corps (37)
2012 – 2015	**Diplôme d'Etudes Supérieures de Gestion,** Spécialisation ***e-business*** INGMM (Institut National de Gestion et de Management de Maubeuge)
2009 – 2012	**Maths Sup./Maths Spé.** Lycée José Bové, Millau (34)
2009	**Baccalauréat S *scientifique***, option ***Maths***

Langues

Allemand	**Lu, écrit et parlé couramment**; nombreux séjours en Allemagne
Anglais	**Bon niveau**; level B au First Certificate of English de Bramley (FCE)

Activités

Sports	**Équitation** (depuis 12 ans), **Varappe,** trésorier de l'association
Association	**Membre de Personna.org**

Pierre Pendiculaire
100 Allée Zaudiable
75010 Paris

Tel : +33 (0)6 12 34 56 78
Mail : pierre.pendiculaire @yahoo.fr

26 ans
Célibataire
Nationalité française

QUINOA Quentin
65 boulevard Hicelle
18000 Bourges
Tél : 09 18 27 36 45
mail : qquinoa@euromail.fr
Permis B - Possède un véhicule

Cariste

Né le 22/09/97 à Bourges

FORMATIONS

CACES 1, 3, 5 — Obtenue le 23 novembre 2015
B2I (Brevet d'Informatique et d'Internet) — obtenu en 2015
Brevet de secouriste obtenu et validé — 2014
BAFA, spécialité Arts Plastiques - IFAP - Bourges — 2012

STAGES ET EXPERIENCES PROFESSIONNELLES

CARISTE CACES 5 - SALMON & PILCHARD S.A. - Vierzon — **Mai-Juillet 2016**
Préparer les commandes ; identifier et répartir les produits
Préparation et filmage des palettes ; déplacements et chargement / déchargement des camions
Saisie dur ordinateur des entrées et sorties de marchandises
Respect des consignes de sécurité

PREPARATEUR DE COMMANDES CHEZ KÖRNISHØN à Nevers — **5 Novembre 2015-18 Avril 2016**
Réception des bordereaux, vérification des nomenclatures en informatique, mise en bacs, pointage des références manquantes, retour d'information vers le service expédition, filmage, dépôt en zone de manutention.

MANUTENTIONNAIRE CHEZ BEHRENDSOHN - Z.I. Bourges — **17 Juin au 14 Octobre 2015**
Réceptionner et stocker les produits et marchandises ; utilisation du transpalettes manuel,
Porter, déplacer, charger et décharger les marchandises ou produits.
Pointage des listes de distribution des transporteurs

PREPARATEUR DE COMMANDES CHEZ GROUMPF SARL à Issoudun — **Septembre 2013-Mai 2014**
Réception et pointage des bordereaux de livraison ;
Recherche des références manquantes ou eronnées, et retours au service Expéditions
Groupement des produits, mise en cartons, filmage et étiquetage.
Saisie en informatique avec lecteur de code-barres
Regroupement des colis ; préparation des listes de colisage

COURSIER à MESSAGERS-ON-LINE - Bourges — **7 Janvier au 28 Juillet 2013**
Ramassage du courrier et petits colis dans les entreprises de la zone ; préparation des listes de colisage ; pointage en informatique ; entretient courant du véhicule (plein, niveaux, pression des pneus)

MANUTENTIONNAIRE CHEZ RUMWEISS A.G. à Châteauroux — **12 Mars - 23 Mai 2012**
(Mission d'intérim) Déchargement des camions, pointage sur liste de dédouanement, enlèvement des protections PVC, rangement en zone de répartition

PIZZAÏOLO - LA ROYALE - Villefranche-sur-Mer — **Juin-Septembre 2011**
SERVEUR au RESTAURANT LA GALIOTTE - Bray sur Seine — **Juin-Août 2010**
STAGIAIRE EMPLOYEE - ALDI - Bourges — **Mars-Mai 2010**
Réceptionner et débaler les marchandises ; contrôler leur état
Usage d'un transpalettes manuel - Mise en rayons
Étiquetage ; pointage des listes pour les caissières
Nettoyage et rangement ; positionnement et retour des chariots

COMPÉTENCES INFORMATIQUES ET LANGUISTIQUES

Environnement Windows connu et pratiqué (Open office, Microsoft Word)
Logiciels de photos et vidéos (Photoshop, Photofouchtra, VI-DO-Builder, KLamiT-Pro, et WMFabrik)
Anglais : niveau scolaire — **Espagnol** : Lu, parlé, écrit

Soizic SOLESMES

44 rue Thénium - 75010 Paris

06 15 24 33 42

soisolesmes@gmail.com

22 ans - Célibataire

Secrétaire de Direction

Formation

2015	**BTS Assistante de Gestion PME/PMI**	
2013	Bac STG - Option Informatique de Gestion *(Mention Bien)*	
Langues	**Anglais**	Courant (Niveau C1)
	Italien	Scolaire
Informatique	Bureautique	**Word, Excel, Powerpoint**
	Comptabilité	**CIEL** et **SAGE**
	Publication	Photoshop et Publisher

Compétences

Administratif	Accueil, Gestion des agendas, Organisation des voyages, Achats
Commercial	Gestion de la base Clients ; Phoning ; Rédaction des devis ; Suivi
Comptabilité	Facturation, Préparation des écritures comptables et de la paye

Expériences professionnelles

2015- à ce jour — Secrétaire chez **Plus Marketing**

- Préparation et expédition des plaquettes et flyers
- Gestion des espaces publicitaires
- Suivi comptable des campagnes Affichage et Presse locale
- Aide au recrutement : Sélection des CV, convocations, courriers, suivi

2014 (8 mois) — Assistante de Direction chez **Kinésix** S.A

- Gestion des événementiels, réservations salles et hôtesses, logistique
- Accueil et suivi des stagiaires ; Conventions de stages
- Reporting mensuel ; Communication interne et externe

2014 (3 mois) — Secrétaire intérimaire chez **Arianespace**

- Réception, enregistrement et répartition du courrier
- Gestion des badges d'accès et préparation des accès visiteurs
- Suivi des statistiques du service Sécurité

2013 (2 mois) — Secrétaire stagiaire chez **IKEA**

- Suivi des réclamations clients : téléphone, e-mails, et courrier
- Clôture des dossiers ou passage au contentieux

Divers

Mobilité	Permis B + Véhicule personnel / Permis Mer
Loisirs	Cinéma - Gymnastique - Photographie

Thomas **Topistou**

40 route Delassoy - 54545 Sainte Patience

06 77 88 99 00

thomas_54545@euromail.net

Mécanicien Auto

en vue d'un Bac Pro en Alternance

Formation

2012 Obtention du Brevet des Collèges

2014 Seconde générale au lycée Pasteur à Nancy

2014-2016 CAP Maintenance de Véhicules ; option Automobiles

Expériences professionnelles

2013 Stage de 2 semaines aux **Jardineries Séquoia** : Manutention ; mise en rayon nettoyage des cages des animaux ; déplacement des arbustes ; aide au déchargement de camions

2014 Emploi saisonnier comme serveur dans un **restaurant à Brighton** : Prise de commandes ; service en salle ; nettoyage

2015 Stage d'été de 2 semaines au **Centre de Tri de la Poste** à Laxou : ouverture des sacs ; approvisionnement des machines de tri ; vidage des bacs de réception ; traitement des rejets

Divers et centres d'intérêt

Nationalité Française

Né en 1996 (20 ans)

Mobile sur tout le département (Scooter)

Informatique : Word, excel, sage, Internet
Obtention du Brevet Informatique et Internet

Langues Français : Langue maternelle
Anglais : Lu, écrit, parlé
Espagnol : Niveau scolaire

Qualités Dynamique, volontaire, respectueux, appliqué

Loisirs Mécanique auto dans le garage de mon oncle, tous les étés depuis 2011 : vidange ; niveaux ; petit entretien ; démontage et remplacement de pneus, équilibrage, remplacement de plaquettes
Athlétisme en club : 100m, 110m haies, triple saut
Musique : 6 ans de piano ; composition
Sorties en boîtes avec mes amis

Grille de dépouillement

Pour chacun des candidats, cochez l'une des cases suivantes :

- **OUI** si la présentation de son CV est crédible et vous semble mériter une entrevue ;
- **NON** si son CV ne vous semble pas assez attractif pour le convoquer.

Même si toute candidature mérite bienveillance, ne cédez pas à la tentation d'attribuer un OUI à la majorité d'entre elles. Lors d'un recrutement réel, un recruteur ne retient généralement que 4 ou 5 candidats ; **limitez-vous à 4 ou 5 OUI**, pas plus.

N°	Initiales	Candidat	OUI	NON
1	BB	Bérénice Bayanne		X
2	DD	Diakité Dombolo	X	
3	FF	Fiona Fontaine		X
4	JJ	Justin Jalon	X	
5	LL	Louise Lombard		X
6	MM	Mireille Monavis	X	
7	NN	Nicolas Niepce		X
8	OO	Ophélie Osborne		X
9	PP	Pierre Pendiculaire		X
10	QQ	Quentin Quinoa		X
11	SS	Soizic Solesmes	X	
12	TT	Thomas Topistou		X

Une fois ce travail effectué, notez quel candidat vous semble avoir le meilleur CV et celui que vous placeriez en seconde position.

À qui décerneriez-vous la **médaille d'or** ?	DD
À qui décerneriez-vous la **médaille d'argent** ?	JJ

Vous trouverez, en fin d'ouvrage, page 165, les résultats obtenus auprès d'un large échantillon de cobayes.

ÉPILOGUE

Cette méthode a fait ses preuves.
Expérimenté à partir de 2002, cet outil a été stabilisé en 2004 et a été actualisé en 2011 et 2016. Nous l'avons utilisé pour des écoles et universités, des entreprises, auprès d'un grand nombre de personnes en recherche d'emploi, et aussi pour des conseillers et « parrains » chargés de leur venir en aide dans le cadre du Service public de l'emploi. Les centaines de personnes qui sont passées dans nos ateliers avaient des profils totalement différents les uns des autres.

Or, au cours de ces 12 dernières années, et en dépit de cette diversité, les résultats ont été d'une remarquable stabilité : certaines formes de CV sont systématiquement rejetées, quand d'autres sont presque toujours plébiscitées. Peu nous importent les raisons ; seul le résultat compte.

Dans la suite de ce livre, nous vous dirons quelles sont les **méthodes gagnantes** et **celles qu'il vaut mieux proscrire**. Voyons à présent comment présenter un CV.

RÈGLES GÉNÉRALES

MOINS ON EN DIT, MIEUX C'EST

Lors d'une première lecture du paquet de candidatures qu'il vient de recevoir, le recruteur n'accorde à chaque CV qu'une dizaine de secondes ; secondes cruciales qui feront que votre CV sera retenu pour un examen plus attentif, ou définitivement écarté. Dans ces conditions, il est suicidaire de diluer l'attention du recruteur dans mille détails inutiles, ce que font trop de candidats qui pensent que plus un CV est rempli, meilleur il est, alors que c'est tout le contraire.

CONSEILS

Un CV n'est pas une encyclopédie décrivant les moindres détails d'une carrière.
Un CV n'est pas un vide-greniers où déverser en vrac tout et n'importe quoi.
Un CV n'est pas un labyrinthe où le recruteur devra errer pour trouver ce qui l'intéresse.
Concentrez-vous sur l'essentiel et éliminez sans regret tout le reste. Moins vous en direz, mieux ce sera !

Commencez par **supprimer les adresses qui ne veulent rien dire**.
Tel candidat précise qu'il a obtenu son baccalauréat au Lycée Arthur Rimbaud, 147 Boulevard des Capucines, à Sevran. En quoi est-ce important ? Ce candidat serait-il moins intéressant si ce lycée était situé 23 rue Jean Jaurès, ou s'il s'appelait Jean Mermoz plutôt qu'Arthur Rimbaud ?
Ces détails insipides n'ont **aucun intérêt** et nous distraient de l'essentiel : ce candidat a son bac !

Rappelons que le bac est un diplôme national ; sa valeur ne dépend pas de l'établissement où il a été obtenu. Pendant des années, on a magnifié les jeunes issus de quelques prestigieux lycées parisiens (Louis le Grand, Henri IV, etc.) ; on sait aujourd'hui que leurs excellents résultats doivent beaucoup à une sélection féroce à l'entrée. Un élève qui a obtenu le même diplôme dans le lycée d'une banlieue dite difficile a souvent bien plus de mérite et plus de valeur.

Par conséquent, dire qu'on a obtenu son bac à Mâcon ou à Niort ne signifie rien, si ce n'est (peut-être) un ancrage local. Mais on découvrira qu'il y a des exceptions.

Même remarque à propos des villes où un candidat a travaillé : avoir travaillé à la BNP de Toulon est-il plus valorisant qu'à Melun ? Avoir travaillé chez Renault à Flins est-il plus valorisant qu'à Douai ?

Exceptions :

- Si un diplôme a été obtenu au lycée français de Washington ou de Londres, cela donne une forte crédibilité au niveau d'anglais que le candidat peut revendiquer.
- De même, peu importe la ville où le candidat a travaillé **sauf si c'était à l'étranger** : à Coventry, à Bangalore ou à Buenos Aires. Car, pour ses besoins quotidiens (déplacements, repas, etc.), ce candidat a forcément pratiqué de manière concrète une langue étrangère. Cette pratique de terrain vaut tous les diplômes.
- Enfin, peu importe sur quel site industriel d'un grand groupe un candidat a travaillé, sauf si l'un d'entre eux possède une **technicité** ou des **méthodes reconnues** pouvant intéresser un recruteur (par exemple, le site où un métallurgiste produit des aciers très spéciaux destinés à l'industrie spatiale).

▶ UN CV FRANÇAIS DOIT TENIR SUR UNE SEULE PAGE

Dans certains pays, en particulier aux États-Unis ou en Suisse, il n'est pas rare que les CV fassent 3 ou 4 pages mais en France c'est impératif : **votre CV doit tenir sur une seule page** !

Les personnes dont la carrière a été longue, diversifiée et riche pensent devoir en détailler les moindres péripéties avec grande minutie et n'imaginent pas pouvoir faire tenir toutes les informations en une seule page (c'est tout spécialement vrai dans certaines professions scientifiques ou médicales).
C'est perdre de vue le fait que, lors du tout premier tri, un recruteur n'accorde qu'une dizaine de secondes à un CV ; dans ce temps très court, il doit pouvoir se faire une **idée globale** de l'intérêt de cette candidature. La publicité qui vous vante une voiture n'en détaille pas les détails techniques.
Rien ne sert de comprimer le texte pour le faire tenir en une seule page : il n'en deviendrait que plus indigeste et illisible. Aviez-vous sélectionné le CV d'Ophélie ? Probablement pas, tant il est illisible !

Au contraire, en élaguant un CV pour ne garder que l'essentiel, les points marquants, nous avons maintes fois démontré qu'il est **toujours possible de le faire tenir sur une page**. Le résultat est plus léger, bien mieux structuré et parle au recruteur. Le CV original d'Ophélie comportait près de 4 300 caractères ; vous trouverez en page 73 une version bonifiée (00b) qui n'en comporte que 2 500 (40 % en moins) et est ainsi bien plus parlante.
Chaque fois qu'on substitue ce CV bonifié à l'original, on constate que de perdant **il devient gagnant**.

CONSEILS

Quand vous avez terminé un CV au moyen de Word, sélectionnez l'onglet « Révision », puis dans le groupe « Vérification », activez le bouton « Statistiques » (représenté par le logo ABC/123). Vous verrez apparaître un panneau d'information comme celui-ci ; retenez le nombre de « Caractères (espaces non compris) ».

Statistiques :	
Pages	13
Mots	4733
Caractères (espaces non compris)	23 986
Caractères (espaces compris)	28 575
Lignes	541

En cas de nécessité, un chercheur peut annexer à son CV une liste d'articles publiés dans les revues scientifiques ou techniques ou insérer un QR-Code (voir page 166) renvoyant à un blog ou un site web. Tout cela reste réservé à des profils bien particuliers.

▶ FORMAT PORTRAIT OU PAYSAGE ?

L'expérience montre que les présentations à l'italienne (format paysage) sont quasiment toujours éliminées. Par exemple, le CV de Louise est rarement retenu. Peu importe pourquoi ; il nous suffit de constater que c'est ainsi !
Alors, première recommandation forte : **présentez votre CV à la française** (format portrait).

▶ DISPOSITION À BANDES VERTICALES

C'est une disposition dans laquelle la page est partagée en deux colonnes, comme (FF) et (PP).
Une colonne, souvent celle de gauche, occupant environ un tiers de la largeur, contient les coordonnées du candidat et des informations souvent considérées (à tort) comme mineures, que l'étroitesse de la colonne ne permet pas de détailler.
La colonne de droite, contenant la formation et le parcours du candidat, est, elle aussi, trop étroite pour énoncer correctement l'intitulé de certains diplômes et pour expliciter les tâches effectuées au fil des années. Chaque idée, repliée sur deux ou trois lignes, rend la lecture pénible.
Les CV présentés de la sorte sont le plus souvent écartés au profit de ceux adoptant une disposition classique ; au cours de nos années de tests, les CV à bandes n'ont guère eu de succès.
Nous vous recommandons de proscrire cette disposition.

▶ DISPOSITION CLASSIQUE

Sans colonnes, le texte du CV occupe **toute la largeur de la page** ; des titrages bien visibles séparent les différents paragraphes et structurent la page. On dispose de toute la largeur de la page pour détailler ce qui peut le mériter.
Presque tous les CV proposés adoptent cette disposition ; Justin et Mireille en sont des exemples typiques, et Nicolas et Thomas, quoique moins bien présentés, adoptent cette même disposition.
Même avec une présentation médiocre, c'est ce type de CV qui est régulièrement privilégié par les recruteurs ; **adoptez, sans hésitation, cette disposition**.

▶ MARGES

Un traitement de texte tel que Microsoft Word ménage en haut, en bas, à gauche et à droite des marges qui sont de 2,5 cm par défaut. On peut les réduire un peu, mais pas trop ; il convient de ne pas descendre en dessous de 1,5 cm et cela pour deux raisons :

- un texte qui occupe toute la largeur de la page, avec très peu de marge, donne une étouffante impression de surcharge ;
- avec des marges haute et basse inférieures à 1,5 cm, une imprimante ou une photocopieuse risque de couper une partie du texte. Il est arrivé que le nom d'un candidat soit coupé ! Avouez que c'est plutôt dommageable. Les CV (OO) et (PP) courent ce risque.

POLICES DE CARACTÈRES

Le CV doit être aisé à lire et donner une impression de professionnalisme.
Par conséquent, **évitez les polices de fantaisie** (Comic Sans, Papyrus, Segoe Print, etc.) sauf si vous voulez mettre en évidence une profession à caractère artistique : paysagiste, graphiste ou encore coiffeuse, comme c'est le cas de Bérénice.
Mais, même en pareil cas, il faut éviter de rédiger tout le CV au moyen d'une police de fantaisie, puisque le but est de donner une impression de sérieux. À cet égard, la police « Comic Sans » utilisée par Nicolas ne joue pas en sa faveur.

Aussi, **évitez de mélanger de nombreuses polices** différentes.

Enfin, **évitez le soulignement**. Au temps des machines à écrire, le soulignement était la seule manière de mettre l'emphase sur un titre ou une information. Mais à l'heure du traitement de texte, le soulignement donne un désagréable air « rétro » qu'il faut proscrire complètement.
Fiona souligne des titres qui sont déjà en gras ; c'est inutilement lourd.
Faites autrement ; pensez à utiliser une police plus grande ou faire usage du gras.

COULEURS ET GRAPHISMES

Un CV envoyé par e-mail sera le plus souvent imprimé en noir et blanc, mais on peut utiliser de la couleur pour un CV qui sera envoyé par la poste ou remis en mains propres.
En matière de couleurs, il convient de rester sobre et ne pas utiliser de grandes plages colorées. Couvrir la page de bleu, vert, rouge est du plus mauvais effet, n'apporte rien et peut rendre la lecture désagréable. Le recruteur attend du **contenu**, pas des couleurs.

Si on veut absolument utiliser plusieurs couleurs, il est préférable de les choisir dans une même tonalité, une même gamme, comme un camaïeu.

Beaucoup de candidats qui postulent à des emplois de graphiste, designer web ou à des métiers artistiques croient bon d'utiliser leur CV pour faire la démonstration de leurs talents, à grand renfort de couleurs et de prouesses graphiques. C'est une **fausse bonne idée** ; ce n'est ni le lieu, ni l'heure ! Ils pourront venir en entretien avec des exemples de réalisations qu'ils commenteront (press-book), ou inclure dans leur CV un QR-Code (code-barres à deux dimensions pouvant être lu par un smartphone) renvoyant à un site web qui les met en valeur. Ceci sera exposé en fin d'ouvrage en page 166.

De même, obliger un recruteur à chercher son chemin dans un dédale de textes encadrés dispersés dans la page, comme le proposent certains sites internet, ne prouve nullement une quelconque maîtrise de la communication. C'est tout au contraire le moyen le plus sûr de voir votre CV écarté au profit d'un autre plus aisé à parcourir.
Pour l'heure, le CV doit rester un document **sobre**, **structuré** et **lisible**.

LES INCONTOURNABLES

Un recruteur s'attend à repérer d'un seul coup d'œil les éléments indispensables à la compréhension du CV. Voici la liste des informations imposées ; nous affinerons ensuite le contenu de chaque rubrique dans le plus grand détail.

LES RUBRIQUES D'UN CV

1 - Intitulé du poste recherché
2 - Prénom / Nom / Coordonnées du candidat
3 - Photo (facultative)
4 - Projet professionnel (facultatif)
5 - Compétences (rubrique **déconseillée**, quoi qu'on ait pu vous dire)
6 - Formation / Diplômes / Langues connues / Pratique informatique / Habilitations
7 - Parcours professionnel
8 - Divers et centres d'intérêt (facultatifs)

DISPOSITION DES 8 BLOCS CONSTITUTIFS D'UN CV

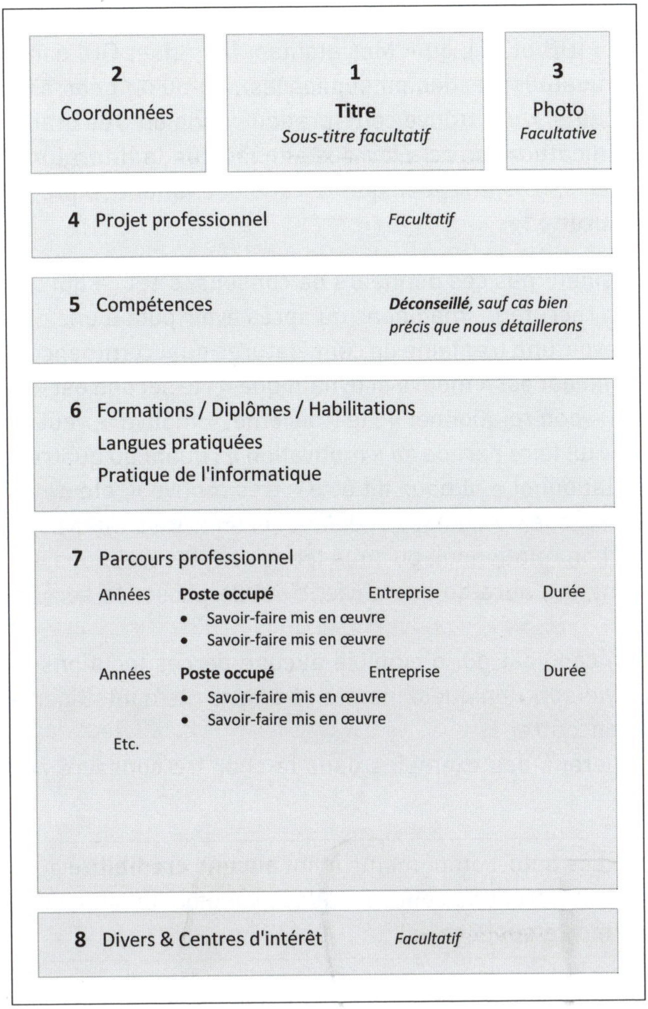

L'ordre des paragraphes 6 et 7 est affaire de stratégie ; il vous appartient d'en décider.

Les jeunes diplômés gagnent à placer leur formation en premier pour mettre leurs diplômes en valeur. Des personnes peu diplômées, ou dont la formation est déjà ancienne, ont plutôt intérêt à présenter leur parcours en premier car c'est ce vécu qui va intéresser le recruteur. La valeur d'une personne de 40 ou 45 ans ne se mesure plus à ses diplômes mais à la qualité de son parcours, sauf si, par suite d'une reconversion, elle a récemment acquis un diplôme très valorisant.

▶ TOUS MOTIVÉS, TOUS DYNAMIQUES ?

D'assez nombreux candidats insèrent dans leur CV une rubrique « Qualités personnelles » (BB et TT), ou « Mes atouts » (FF, LL et OO) dans laquelle ils vantent leurs qualités, réelles ou supposées ; ce qu'on pourrait appeler des auto-compliments. On retrouve cette pratique dans un très grand nombre de lettres de candidature car cela fait des années que la littérature et de nombreux conseillers insistent pour que le candidat vante ses propres qualités. **C'est une absurdité !**

Ce que n'imaginent pas ces donneurs de conseils, c'est ce qui se passe dans le bureau d'un recruteur. Imaginons qu'après avoir publié une offre d'emploi, il vient de recevoir une trentaine de candidatures qu'il commence à dépouiller. Le premier candidat est « motivé et dynamique » ; le second est « dynamique » et possède un « bon relationnel » ; le troisième, « motivé », veut rencontrer le recruteur pour lui faire part de sa « motivation » ; quant au quatrième, qui a un « excellent relationnel », il nous dit être « très motivé », etc. Quand le recruteur aura lu la prose de quinze candidats qui sont tous motivés, dynamiques et doués d'un bon relationnel, puisque telles sont les locutions qui reviennent le plus souvent, il n'aura qu'une envie, c'est de passer le seizième candidat au broyeur !
Vient alors un candidat qui n'emploie aucune de ces locutions mais dont la prose et le style sont toniques, incisifs et empreints d'intelligence, c'est LUI qu'il voudra rencontrer !
Nous en donnerons des exemples dans le chapitre consacré aux lettres de candidature.

> **En résumé** : Les auto-compliments n'ont **aucune crédibilité** aux yeux d'un recruteur. Ils montrent au contraire que le candidat applique sans discernement n'importe quel conseil.

Dans les réunions de chercheurs d'emploi que nous animons, nous conseillons souvent aux participants de se connecter sur un site de rencontres pour constater que bien des hommes disent être sveltes, séduisants, cultivés, sportifs, ajoutant parfois qu'ils exercent des métiers à responsabilités. Quelle femme n'aurait envie de les rencontrer ?
Elles découvriront alors que le svelte et séduisant mâle est bedonnant et dégarni, que sa culture s'arrête aux jeux télévisés et que son sport favori consiste à hurler devant la retransmission télévisée d'un match de football en consommant bières et pizzas !

Qui pourrait croire aux qualités qu'une personne s'attribue elle-même ?

Les auto-compliments sont à proscrire totalement. Ils n'ont leur place ni dans un CV, ni dans une lettre de candidature.

Reprenons à présent une par une les rubriques du CV. Les mentions « [cadre x] » renvoient au schéma de la page 45.

CONTENU DE CHAQUE RUBRIQUE

POSTE RECHERCHÉ [CADRE 1]

Le poste recherché est l'information capitale, celle qui va attirer l'œil du recruteur bien plus que le nom du candidat.
Cette rubrique est **impérative**. L'oublier, comme Nicolas et Pierre, c'est prendre le risque de voir son CV écarté instantanément. Songez qu'un cabinet de recrutement ou une DRH peut recevoir une centaine de candidatures chaque jour, c'est ce titre qui permet de trier les candidatures par paquets.

Le titre de votre CV est le **poste que vous souhaitez occuper**, pas celui que vous occupiez précédemment, ni le dernier diplôme obtenu.
La locution « *Curriculum Vitae* » est à proscrire : le lecteur voit bien que c'est un CV ; ce qu'il veut savoir c'est quel est votre projet professionnel.
Un **sous-titre** bien choisi peut aider un candidat à se différencier des nombreuses autres candidatures reçues par le recruteur.

Voici quelques sous-titres classiques :

Bilingue Français – Anglais

Mobilité France entière

Disponibilité immédiate

10 années d'expérience

Pour des emplois à très large spectre, comme vendeuse ou assistante de gestion, il est conseillé de préciser un secteur d'activité, un type de commerce ou un savoir-faire particulier. De même, un jeune qui cherche un emploi à mi-temps ou en alternance a intérêt à le dire immédiatement.

Voici quelques exemples de sous-titres pertinents :

Titres	Exemples de sous-titre
Vendeuse en Parfumerie et Cosmétiques	*En commerce de proximité*
Assistante de gestion	*Bonne pratique de la comptabilité*
Chaudronnier / Métallier	*Pour un Bac Pro en alternance*

Il est surprenant de constater que dans notre panel, seuls Ophélie, Mireille et Thomas ont recours à cette excellente pratique.

COORDONNÉES DU CANDIDAT (CADRE 2)

Elles seront **toujours placées en haut et à gauche**, parce que tel est l'usage. Peut-être aimeriez-vous faire preuve d'originalité en les plaçant ailleurs ? Pas de chance : sachant que c'est le recruteur qui détient le pouvoir, et non le candidat, il est hors de question de lui imposer de chercher où se trouvent les informations qui l'intéressent : **un CV n'est pas un jeu de piste**.
Honnêtement, aviez-vous vu l'adresse de Pierre ?

Voici quelques autres principes à respecter :

- on énonce toujours son **prénom avant le nom** (on dit « *Victor Hugo* » ; pas « *Hugo Victor* »). Mettre son nom avant son prénom montre que le candidat vient à peine de sortir de l'univers scolaire ou de la fonction publique ; c'est rarement un atout. DD, OO, QQ ne suivent pas cette règle ;
- ne faites **jamais précéder votre nom du titre Madame, Monsieur ou Mademoiselle** comme le fait maladroitement Ophélie, sauf éventuellement si votre prénom est mixte (Dominique, Claude) ou peu usité, et que rien ne permette de présumer de votre sexe ;
- **prénom et nom doivent se voir clairement**, en assez gros caractères. Les polices les plus courantes supportent facilement d'être utilisées en taille 14 ou 16. Les noms de Pierre et Quentin sont trop peu visibles ;
- pour plus de lisibilité, les autres éléments (adresse, téléphone, e-mail) seront écrits avec une écriture bâton aisément lisible (Arial, Calibri, Helvetica, par exemple) ;
- beaucoup de jeunes candidats omettent de mentionner leur adresse e-mail, alors que c'est une information de première importance. Reportez-vous au paragraphe « Faire pro » en page 16 pour ce qui est du choix d'une adresse pertinente, qui soit pérenne et ne prête pas à rire ;

- il est conseillé de segmenter le numéro de téléphone :
  - en blocs de 2 chiffres pour un CV à usage interne à la France : 06 12 34 56 78,
  - en blocs de 3 chiffres avec indicatif pour un CV international : (+33) 612 345 678 ;
- vérifiez que votre répondeur de messagerie est pertinent. Reportez-vous aussi au paragraphe « Faire pro » ;
- lors de la frappe, un traitement de texte comme Word associe automatiquement un lien hypertexte aux adresses e-mail, apparaissant alors en bleu et soulignées. Or, ce trait de soulignement rend difficile la lecture d'adresses comportant elles-mêmes un trait de soulignement.

  Par exemple : duc_de_valombreuse@hotmail.com devient

  duc de valombreuse@hotmail.com

  Les traits de soulignement sont devenus invisibles ; cela peut conduire à des erreurs.

  Nous recommandons de désactiver cette option ou d'utiliser la commande « Supprimer le lien hypertexte » (en un simple clic droit sur l'élément souligné) ;
- un CV n'est pas un formulaire administratif ; il ne sert à rien de stipuler « Téléphone » ou « E-mail » devant ces rubriques (QQ) ; il est tout aussi inutile d'insérer des pictogrammes ; le lecteur n'est pas idiot.

▶ PHOTO (CADRE 3)

La photo est optionnelle sur les CV qui seront envoyés par e-mail.
En effet, sauf pour un poste d'hôtesse d'accueil, on n'embauche pas une personne en raison de sa photo. Mais *a contrario*, il n'est pas rare qu'un candidat soit écarté en raison d'une photo qui n'est pas à son avantage. Quel dommage !
Ayez à l'esprit que, par souci d'économie, un CV envoyé par e-mail sera le plus souvent imprimé en noir et blanc. Cela a pour effet de durcir les traits et certaines photos peuvent alors devenir dissuasives.

En revanche, la photo devient impérative dès lors que vous vous présentez physiquement auprès d'une entreprise (commerce de proximité) et lorsque vous êtes reçu(e) en entretien. La photo permettra ultérieurement au recruteur de se souvenir de votre visage.

La photo se limite à un **portrait** pris de face ou de trois-quarts. Pas de photo en pied, ni en situation de travail assis à un bureau ou avec un casque sur un chantier ! Nicolas déroge à cette règle mais cela donne une petite idée du métier qu'il exerce et compense l'absence de titre.

Il n'est pas non plus conseillé, sauf à briguer un emploi d'hôtesse ou de mannequin, d'utiliser une photo trop sophistiquée, trop glamour, façon magazine. À cet égard, beaucoup de nos testeurs font ce reproche à la photo d'Ophélie ; quel dommage d'être écartée pour une simple photo !

La photo doit rester de taille raisonnable, environ 3,5 cm de haut sur 2,5 cm de large.
Votre visage doit être souriant et clairement visible ; faites des essais d'impression monochrome (en niveaux de gris) pour vous assurer de la qualité du résultat. Il vaut mieux ne pas mettre de photo qu'une photo repoussoir.

▶ PROJET PROFESSIONNEL (CADRE 4)

Très courant, et même recommandé, dans le monde anglo-saxon, ce paragraphe est peu usité en France où le titre du CV est supposé suffire à exprimer ce que vous recherchez.
Mais ce paragraphe peut s'avérer capital pour une personne qui change complètement de métier, qui entame une reconversion ou qui pose les jalons d'un projet à long terme. La version bonifiée de Thomas (TTb), proposée en page 75, montre très bien qu'il sait où il veut aller.

Alors qu'un CV décrit le passé du candidat, le **projet professionnel dessine le futur** qu'il espère construire dans son nouvel emploi. C'est une approche très positive qui séduit généralement.

Voici deux exemples.

Exemple 1 - **Reconversion**
La conduite d'engins de terrassement m'étant désormais interdite, j'entends mettre mon expérience de terrain au service de la préparation, de la planification, du suivi et du contrôle des chantiers.
Je souhaite étoffer mon expertise au contact d'un conducteur de travaux expérimenté.

Exemple 2 - **Début de carrière**
Au sortir de mon bac pro, j'ai pour ambition d'acquérir, au sein d'une petite équipe, une pratique aussi diversifiée que possible des tâches, méthodes et savoir-faire attendus d'un opérateur en maintenance industrielle.

▶ COMPÉTENCES (CADRE 5)

Les candidats qui ont un parcours professionnel riche et cohérent n'ont aucun mal à structurer et présenter à leur avantage le paragraphe « Parcours professionnel » (cadre 7).

Il en va tout autrement pour des personnes plus jeunes qui ont enchaîné des contrats courts dans des domaines très disparates. C'est pour eux que nombre de conseillers et beaucoup d'ouvrages recommandent de consacrer un pavé « Compétences » à la liste des tâches que le candidat maîtrise.

Nous sommes extrêmement réservés et, sauf cas bien précis, nous **déconseillons fortement** cette présentation, apparue dans les années 1980. Notre réticence a des raisons ; voici les trois principales.

Raison n° 1 : confusion entre savoir-faire et compétence

Faute de définition claire de ce qu'est une compétence, ce paragraphe égrène le plus souvent une litanie de tâches élémentaires qui ne sont que de simples savoir-faire : répondre au téléphone, archiver des dossiers, nettoyer les locaux, etc.

Rien qui soit de nature à mettre un candidat en valeur ; rien qui le démarque des autres.

De notre point de vue, il est préférable de réserver le mot « Compétence » à ce que dans le langage courant on appellerait « avoir une corde à son arc ». Par exemple, un candidat peut maîtriser toutes les méthodes de la relation clients et avoir également une pratique reconnue du monde des achats.

Ce sont-là deux **vraies compétences** ; chacune peut à elle seule justifier une embauche.

Nous nous attacherons à la définition suivante :

> Une compétence est un ensemble de savoir-faire et de pratiques qui, **à lui seul, justifie un entretien** et peut-être une embauche.

Dans cette acception les termes « Classer des dossiers » ou « Accueillir les clients » ne sont pas des compétences mais des savoir-faire qui ne méritent pas un paragraphe spécial.

Raison n° 2 : découplage rime avec enfumage

En énonçant les compétences et les emplois occupés dans deux paragraphes distincts, on instaure un découplage qui empêche le recruteur de se faire une idée de la pertinence d'une candidature.

Imaginons une personne qui a occupé trois emplois et présente son CV comme ceci :

Compétences

Contrôle qualité
Programmation informatique
Montage de dossiers d'avant-vente
Montage-câblage électrotechnique

Parcours professionnel

2008-2017 Alstom
1999-2007 Siemens
1987-1998 Renault Véhicules Industriels

En découplant les compétences des emplois occupés, ce candidat empêche le recruteur de savoir **quand** et **où** ont été mis en œuvre les savoir-faire qu'il énonce.
S'il a fait de l'informatique tout récemment chez Alstom, il a suivi les évolutions de la profession et peut intéresser le recruteur. Mais si c'était dans les années 1987-1998 chez RVI, ses connaissances sont obsolètes et sans aucune valeur marchande.
Introduire pareil découplage entre savoir-faire et parcours professionnel a si souvent servi à « enfumer » les recruteurs qu'ils sont désormais très réticents à la lecture de rubriques « Compétences ».

Raison n° 3 : compétences copiées/collées

De nombreux jeunes ont les plus grandes difficultés à expliciter les savoir-faire qu'ils ont acquis. Aussi beaucoup croient-ils faire une bonne opération en allant les chercher dans le programme de leur bac pro, ou sur Internet, ou bien même dans le Répertoire opérationnel des métiers et des emplois (ROME) ; et, pour plus de facilité, un simple copié/collé fera l'affaire ; du moins le croient-ils. Erreur !
Hélas pour eux, les termes et la formulation utilisés dans ces documents dégagent une forte odeur de texte administratif, très éloigné du langage courant. Tout recruteur averti repère instantanément le copié/collé, et cela ôte toute crédibilité au CV.

Voyez le CV de Bérénice : le paragraphe « Compétences » a été directement copié depuis la fiche ROME D1202 qui décrit le métier de coiffeuse. Comme la candidate a habilement entremêlé des éléments provenant de deux parties de la fiche, le copié/collé aurait pu passer inaperçu. Hélas, comme souvent en pareil cas, d'autres candidates avaient recopié la même fiche ; l'astuce a été vite éventée.

De plus, ces jeunes n'ont le plus souvent acquis que quelques-uns des nombreux savoir-faire énoncés dans ces fiches. Or, **un employeur ne s'intéresse pas à ce que le candidat devrait savoir faire, mais à ce qu'il sait réellement faire** ! Il suffira de quelques minutes d'entretien et deux questions ciblées pour démasquer la supercherie ; le pavé « Compétences » n'aura pas été utile mais nuisible.

Enfin, ce pavé a un effet pervers : en regroupant dans ce bloc tout ce que le candidat a pu faire chez ses divers employeurs, le paragraphe « Parcours professionnel » se réduit à une simple liste de dates et d'employeurs, sans qu'on puisse savoir ce qu'a fait le candidat chez aucun d'entre eux. C'est le cas de Bérénice, mais aussi de Fiona.

De vraies compétences bien mises en valeur

Après toutes ces critiques, voici deux cas précis où le bloc « Compétences » a vraiment du sens :

- certaines personnes ont exercé un même emploi dans toute une série d'entreprises différentes et elles ont donc exercé chaque fois les mêmes savoir-faire. On peut alors les énoncer une seule fois puis lister rapidement les employeurs, ce qu'a très bien fait Mireille ;
- certaines personnes ont véritablement deux ou trois cordes à leur arc, autrement dit deux ou trois compétences. La version bonifiée du CV d'Ophélie (00b, en page 73) met bien en évidence ses trois compétences (à gauche), chacune mettant en œuvre un certain nombre de savoir-faire (à droite). On voit bien la différence entre ces deux notions.

Dans tous les autres cas, répétons-le, le bloc « Compétences » est **très déconseillé**. Il est préférable d'en répartir le contenu dans les emplois où ces savoir-faire ont été acquis et réellement mis en œuvre.

▶ FORMATION (CADRE 6)

Ce paragraphe doit contenir tout ce qui a contribué à votre bagage de connaissances accumulé au fil des ans, y compris la connaissance des langues et des outils informatiques.

Diplômes et habilitations

L'usage est d'énoncer les diplômes en commençant par le plus important, qui est souvent le plus récent. On mentionne uniquement l'année d'obtention du diplôme (2014) mais pas la plage des années d'études (2011-2014).

Il n'est pas nécessaire de mentionner qu'un diplôme a été obtenu (TT) ; c'est sous-entendu.
Mentionner « Obtenu » pour un diplôme particulier pourrait laisser supposer que les autres n'ont pas été obtenus mais seulement ébauchés ; l'effet produit est catastrophique.

On ne mentionne pas les diplômes mineurs : quiconque possède un Master n'a pas besoin de dire qu'il a le Brevet des collèges. Par exception, si le titulaire d'un BTS ou Master a obtenu son Baccalauréat dans une spécialité très différente, qu'il veut aussi mettre en valeur, il peut mentionner les deux.

L'exercice de certaines professions est conditionné par diverses habilitations qui doivent être renouvelées périodiquement ou par la détention d'une carte professionnelle ; il faut les mentionner dans cette rubrique. Il peut être également intéressant de les rappeler en sous-titre :

Agent de Sécurité
Carte Professionnelle 81906-77

C'est ce qu'aurait pu faire Quentin qui possède les CACES indispensables à quiconque veut travailler dans la logistique. C'est ainsi qu'est présentée sa version bonifiée (QQb) en page 74.

Langues

Connaître une ou plusieurs langues est un **atout considérable** dans la recherche d'un emploi mais nous constatons que cette information est parfois renvoyée en bas de CV dans la rubrique « Divers », et nous rencontrons des personnes bilingues de naissance qui ne le mentionnent même pas !

Nous vous recommandons de réserver dans le paragraphe « Formation » une rubrique spécifiquement dédiée aux langues, en consacrant **une ligne à chaque langue**, et en spécifiant clairement le **niveau** atteint, c'est-à-dire l'usage que vous êtes en mesure de faire de ces langues.
Pierre précise « *Langues de travail : Allemand et Anglais* », mais de manière maladroite, en tout petit, et cette mention capitale, noyée dans un CV confus, est invisible lors d'une lecture rapide.

Il faut bannir absolument la locution « *Lu, écrit, parlé* » que tout recruteur professionnel interprétera comme « connaissance minimaliste » car cette formulation absurde ne dit rien du niveau atteint. Après tout, un débutant lit, écrit et parle une langue... mais ne saurait en faire aucun usage.
Il existe des tests reconnus comme le TOEIC mais peu de candidats s'y soumettent, ne serait-ce qu'en raison d'un coût excessif pour la plupart des jeunes. La classification CECRL, qui va de A0 à C2 est maintenant bien connue des recruteurs et il est aisé de passer le test de type QCM sur Internet, même si cela ne permet pas de mesurer la pratique orale.

Faute de test significatif, le candidat qui a fait un séjour prolongé dans un pays étranger (DD à Londres ; JJ à Santa Monica ; PP à Sigmaringen) a forcément acquis une pratique de terrain (pour prendre un bus, acheter sa nourriture, demander des renseignements...) souvent plus précieuse que des études scolaires. Ce sont des points à mettre en relief.

Enfin, rappelons que si peu de personnes travaillent dans un environnement anglophone, en revanche, de nombreuses personnes échangent des e-mails avec des pays étrangers et une pratique écrite même hésitante de l'anglais est alors précieuse. C'est pourquoi il faut parfois distinguer entre pratique orale et pratique écrite, ce que fait Mireille.

La mention « *Français : Langue maternelle* » (Thomas) n'a aucun sens dans un CV français.
À l'inverse, « *Espagnol : Langue maternelle* » ou « *Anglais et Portugais courants de par ma naissance* » sont des mentions qui valent de l'or dans un CV.

Informatique

Nous recommandons de réserver dans le paragraphe « Formation » une rubrique spécifiquement dédiée aux connaissances informatiques. Savoir se servir d'un traitement de texte ou d'un tableur est un atout important, même dans les professions manuelles.

Il convient de bien séparer le domaine de la **bureautique** (traitement de texte et tableur), utile à presque toutes les professions, des logiciels spécifiques à telle ou telle pratique professionnelle : comptabilité, hôtellerie, conception assistée par ordinateur, etc.

Soizic (SS), par exemple, a adopté une présentation parlante :

Informatique	*Bureautique*	***Word, Excel, Powerpoint***
	Comptabilité	***CIEL*** *et* ***SAGE***
	Publication	*Photoshop et Publisher*

Nous aurions aimé qu'elle précise le niveau de maîtrise qu'elle a atteint mais la présentation de son CV dit assez que sa pratique de Word est excellente.

On pardonnera à un jeune technicien de maintenance (NN) de n'avoir qu'une pratique assez élémentaire d'un traitement de texte mais pas à une personne comme Ophélie. Elle dit être assistante de direction mais son CV est d'une extrême confusion.

Pour certains candidats, l'informatique est une composante majeure de leur pratique professionnelle. C'est bien entendu le cas des informaticiens (DD) mais aussi de professions spécialisées (PP). Mais jeter en vrac sur une page une liste d'acronymes sans aucune classification condamne le candidat à être écarté immédiatement.

C'est le cas de cette litanie inorganisée :
NT, 2000 Pro, XP, Unix/Linux, Ethernet, ATM, X25, FR, RNIS, WLAN, IP, VPN, VB, SQL Server, Access, MySQL

La présentation de Pierre, structurée en 6 rubriques, laisse à penser qu'il sait de quoi il parle et que **sa pensée** est, elle-même, **bien structurée** ; un atout capital dans cette catégorie de métiers :

Gestion de projets	*MS Project, UML (Power AMC)*
Bases de données	*SQL/PLSQL, Oracle, Relational Database, OODB, OLAP, Data Warehouse*
EDM/PDM	*Metaphase v3.2*
CAO	*CATIA V5*
Conception Internet	*PHP/MySQL, HTML, CSS, JavaScript, ASP, JSP, XML/XSL*
ERP	*SAP, Oracle Application et Adonix*

▶ PARCOURS PROFESSIONNEL (CADRE 7)

Nous commencerons par le cas le plus fréquent d'un candidat qui a occupé plusieurs emplois conformes à sa spécialité dans une ou plusieurs entreprises. Mais nous étudierons aussi tous les cas qui peuvent poser problème au candidat et à son conseiller :

- candidat jeune, peu fixé sur son devenir, qui a exercé des métiers disparates ;

- candidat qui, après une belle carrière, décide de changer totalement de métier, que ce soit par choix personnel ou par obligation ;
- candidat qui, pour des raisons alimentaires, s'est récemment trouvé obligé d'accepter des emplois moins qualifiés totalement étrangers à son cœur de métier, comme Justin.

Dans la forme la plus classique d'un CV, le candidat doit spécifier, pour chaque emploi occupé :

- la période pendant laquelle il a occupé cet emploi ;
- la fonction qu'il exerçait ;
- l'entreprise dans laquelle il travaillait ;
- le lieu où il travaillait, sous réserve que ce soit un élément valorisant ;
- le détail des tâches valorisantes qu'il a exercées.

C'est bien ce que font, avec plus ou moins d'habileté, DD, LL, NN, QQ et d'autres.
Certains autres au contraire, comme BB et FF qui ont tout dit dans leur paragraphe « Compétences », n'ont plus rien à dire. C'est à croire que rien n'a retenu leur attention dans les entreprises où ils ont travaillé. Cela envoie un bien mauvais signal à un futur employeur.

Il est conseillé de parfaitement aligner les unes sous les autres les informations contenues dans ces quelques rubriques ; cela donne une meilleure lisibilité au CV. Ce serait important pour n'importe quel profil de candidat, mais bien plus encore s'il recherche un poste de secrétaire ou de rédacteur. Une présentation anarchique n'est pas acceptable.
Or, on constate que si Diakité, Mireille ou Soizic le font bien, Ophélie offre une présentation de très piètre qualité : rien n'est aligné ! Le CV de Thomas présente le même défaut mais moins marqué.
Rien d'étonnant à cela : déplacer un texte vers la droite par enfoncement de la barre d'espacement ne permet pas un alignement net : seul l'usage de tabulations permet une présentation impeccable.

CONSEILS

Positionnez des tabulations pour aligner les contenus de votre page.
Si vous n'en avez pas la pratique, prenez le temps d'apprendre à vous en servir ; cet investissement sera hautement profitable.

Précisons mieux, à présent, la forme que doivent revêtir ces éléments d'information.

Périodes

On ne spécifie **que les années de début et de fin** (par exemple, *2009-2017*).
Il ne faut surtout pas, comme Quentin, indiquer des dates au jour près : *17 juin au 14 octobre 2015*.
Comme cela occupe beaucoup de place, il est presque impossible d'aligner les informations de même nature. De plus, cela oblige le lecteur à calculer combien de mois chaque emploi a duré.

La version bonifiée de ce même CV (QQb) présente ses différentes expériences comme suit :

2010-2011	***Préparateur de commandes***	*Körnishøn GMBH*	*5 mois*
2010	***Manutentionnaire***	*Behrendsohn GMBH*	*4 mois*
2008-2009	***Préparateur de commandes***	*Groumpf SARL*	*9 mois*

Grâce à l'usage de tabulations, les informations sont parfaitement alignées en colonnes, les années sont bien visibles, les durées sont aisées à lire. L'ensemble est agréable à lire et très compréhensible.

Fonction

Faut-il donner plus d'importance au poste occupé ou à l'entreprise ?
On a longtemps mis en avant le nom de l'entreprise. Avoir travaillé chez Airbus, BNP-Paribas, IBM ou Total serait-il plus valorisant qu'avoir travaillé dans une entreprise moins connue ? La notoriété d'une entreprise rejaillirait-elle sur ses salariés ? C'est peut-être vrai pour une petite minorité de dirigeants mais pas pour la grande majorité des salariés : le magasinier ou la comptable de Toyota ne sont ni meilleurs ni moins bons que ceux qui travaillent dans une PME.

CONSEILS

Le CV est fait pour mettre en valeur vos atouts, non ceux de vos employeurs. Énoncez en premier et en gras votre fonction et en second l'entreprise qui vous employait.

Indiquez la **fonction que vous avez réellement exercée**, qui peut être assez éloignée de celle inscrite sur votre contrat de travail ou vos bulletins de salaire. Nous vous recommandons de mentionner une définition qui rende bien compte du rôle que vous avez joué quitte à inventer, si besoin est, une terminologie *ad hoc*. Faites preuve de créativité ; un CV n'est pas un document juridique.

> **Bien des personnes, surtout jeunes, commencent la description de leur fonction par leur statut au regard de l'emploi : stagiaire, saisonnier, intérimaire, CDD... mais c'est une grave erreur de confondre le statut (notion juridique) et l'emploi occupé (notion opérationnelle).**

Les jeunes qui débutent dans la vie professionnelle, comme Bérénice ou Thomas, accumulent beaucoup de stages et emplois précaires, en CDD ou intérim. Si les lignes de leur CV commencent toutes par « *Stage de ceci* », « *Stage de cela* », « *Intérimaire dans tel domaine* », le mot qui marquera l'esprit du recruteur sera « Stagiaire ». Ce n'est pas la meilleure manière de se présenter.

Il est préférable de présenter chacune de ces expériences comme tout autre emploi, avec un intitulé de poste, et écrire tout à droite, en caractères discrets, qu'il s'agit d'un stage. Voyez ci-dessous.

Au lieu de :

2014	*Stage d'été de 2 mois aux Entrepôts Frigorifique de l'Ouest, comme magasinier*
2015	*Emploi saisonnier : cueillette des pêches dans le Roussillon pendant 2 mois*
2016	*Mission d'intérim chez un traiteur pendant les fêtes de fin d'année*

Il serait bien plus valorisant d'écrire :

2014	***Magasinier***	*Entrepôts Frigorifique de l'Ouest*	*Stage 2 mois*
2015	***Cueilleur de pêches***	*Les fruits du Roussillon*	*Saisonnier 2 mois*
2016	***Préparateur/Serveur***	*Soulac-Réceptions*	*Intérim 2 semaines*

On voit bien quels postes le candidat a occupés et pendant combien de temps. Peu nous importe qu'il ait été stagiaire ou intérimaire, seule compte l'expérience qu'il a acquise. Le CV bonifié de Quentin, page 74, indique même la **durée cumulée** de ses expériences ; **c'est une idée à retenir**.

Accessoirement, les noms d'entreprises apparaissent en gris plutôt qu'en noir de manière à attirer de préférence l'attention du lecteur vers le poste occupé.

CONSEILS

Des jeunes qui ont fait des études poussées peuvent avoir passé beaucoup de temps sur des projets pointus, parfois même en liaison avec des entreprises, et en utilisant des matériels ou des méthodes innovants. Si c'est votre cas, nous vous recommandons d'inclure ces projets dans votre parcours en précisant « *Projet d'école* » ; cela étoffera significativement la liste de vos expériences.

Entreprise

La plupart du temps le nom de l'entreprise suffit, sa forme juridique n'intéresse guère un recruteur. On peut donc faire l'économie de mentions telles que SA, SARL et autres mentions sans intérêt.

Quand l'entreprise n'est pas connue du grand public, il est pertinent d'indiquer dans quel secteur économique elle opère. Cette information secondaire peut être libellée en italiques dans une police plus petite ; c'est ce qu'a choisi de faire Diakité. On peut regretter qu'il n'ait pas mieux valorisé les deux expressions « *Relation clients* » et « *Intelligence économique* » qui le valoriseraient.

Logos

Comme Pierre, certains candidats insèrent dans leur CV les logos des entreprises où ils ont travaillé mais cela n'ajoute aucune valeur au parcours du candidat. De plus, si les logos de certaines enseignes sont reconnaissables (BNP-Paribas, Renault, Starbucks, Total...), les logos d'autres entreprises majeures, de PME/PMI ou de start-ups innovantes, ne sont connus que d'une infime minorité de personnes. Le CV de Pierre est typique : aucun des logos insérés n'est connu ; pourquoi les mettre ?

Nous vous déconseillons vivement cette inutile surcharge du CV.

Lieu de travail

Encore une information sans intérêt ! On n'est pas meilleure prothésiste dentaire à Cavaillon qu'à Rouen, ni meilleur grutier à Mâcon qu'à Poitiers. Le lieu de travail peut le plus souvent être omis.

Mais cette information devient capitale si l'activité a été exercée à l'étranger, comme le fait Justin, ou si de multiples postes dans des villes d'une même région expriment une forte implantation régionale, ce qui peut valoriser un commercial ou un chargé de communication.

Détail des savoir-faire mis en œuvre

Le candidat qui se contente de dire dans quelle entreprise il travaillait sans dire ce qu'il y a fait manque une excellente occasion de valoriser son parcours. Il est important qu'il indique pour chaque poste occupé les tâches qui montrent ses savoir-faire, en respectant quelques règles simples :

- rédiger de manière très concise, télégraphique. Un CV n'est pas un roman ;
- hiérarchiser les tâches pour mettre en valeur les savoir-faire majeurs ;
- éviter de répéter les mêmes choses chez plusieurs employeurs.

Une idée par ligne - Une ligne par idée

Un recruteur n'a pas le temps de lire un roman : les idées fortes doivent apparaître instantanément et être rapidement identifiables en les séparant les unes des autres. Pour cela, il faut rigoureusement respecter deux règles simples :

- **une seule idée par ligne** : chaque ligne du parcours ne doit contenir qu'une idée forte avec, au besoin, quelques qualificatifs mais surtout pas de digressions, périphrases et subordonnées. Si un développement comporte plusieurs idées fortes, il faut le casser en autant de lignes ;

> **Exemple**
>
> Pierre Lazareff, l'un de nos plus grands patrons de presse, qui ne manquait pas d'humour, avait placardé sur la porte de son bureau : « *Une phrase se compose d'un sujet, d'un verbe et d'un complément. Pour les adjectifs, me prévenir. Au premier adverbe, vous êtes viré* ».

- **une seule ligne par idée** : le développement d'une idée doit tenir dans la largeur de la page et ne jamais être replié sur plusieurs lignes. On peut toujours y parvenir.

Illustrons ces recommandations par deux exemples.
Dans le CV de Louise, les paragraphes au bas de la page gauche ressemblent à des romans verbeux dont rien n'émerge. Honnêtement, aviez-vous lu ce paragraphe en détail ?
Animation d'ateliers sur des thèmes relatifs à la protection de l'environnement en Poitou-Charentes. Les cours d'eau, les étendues (étangs, lacs), la forêt des Landes, les essences d'arbres. L'accent a été tout particulièrement mis sur les

risques d'incendies, en collaboration étroite avec un groupe de sapeurs-pompiers, avec information sur les systèmes de prévention et d'alerte, et les conduites à tenir tant en solo qu'en groupe.

Certaines idées s'étalent sur plusieurs lignes, dérogeant ainsi à nos deux conseils. Il fallait consacrer une ligne à chacune des quatre idées fortes et élaguer les détails secondaires, comme ceci :

- *Animation d'ateliers sur la protection de l'environnement (cours d'eau, étangs, lacs, forêt, essences)*
- *Collaboration étroite avec les sapeurs-pompiers*
- *Information sur les risques d'incendies et les systèmes de prévention et d'alerte*
- *Conduites à tenir en solo et en groupe*

Il n'y a plus qu'une idée par ligne et aucune phrase n'est repliée sur deux lignes. Le résultat est plus léger et les quatre idées sont plus faciles à appréhender, sans perte d'informations importantes.

On pourrait faire un travail similaire sur ce paragraphe emprunté à Pierre :
Gestion des collaborateurs de l'équipe Blue Hammer, incluant : encadrement, définition des objectifs et suivis du développement du département CRM-Heuristique en liaison étroite avec les laboratoires de Francfort et Manchester

Voici une suggestion de transformation. Mieux structuré, le texte est plus percutant :

- *Gestion des collaborateurs de l'équipe Blue Hammer : encadrement et définition des objectifs*
- *Suivi du développement du département CRM-Heuristique*
- *Liaisons étroites avec les laboratoires de Francfort et Manchester*

DIVERS ET CENTRES D'INTÉRÊT (CADRE 8)

Ce paragraphe n'est pas impératif ; Justin, Louise et Quentin, n'en ont pas. Il vaut mieux ne rien mentionner qu'écrire des banalités sur lesquelles on serait bien en peine de dire plus de trois mots en entretien. Mentionner « Lecture » comme centre d'intérêt devient contre-productif si cette lecture se limite à la presse people, ou si le recruteur demande « *Quel livre lisez-vous en ce moment ?* » et que le candidat n'a rien à répondre.

Les mentions portées dans ce paragraphe sont surtout destinées à mettre en valeur les **qualités du candidat** : engagement, ténacité, relationnel, passions, altruisme, sens des responsabilités.

Faire du piano ou de l'équitation pendant quelques mois c'est bien, mais en faire pendant 6 ans comme Thomas, ou 12 ans comme Pierre, requiert de la passion et une solide ténacité ; autant de traits de caractère particulièrement appréciés dans le monde du travail.

Pratiquer un sport le week-end montre l'envie d'avoir une vie saine mais si, de plus, le candidat entraîne régulièrement une équipe de « poussins », il montre d'intéressantes qualités relationnelles.

Fiona, bénévole aux Restos du Cœur, montre son sens de l'engagement citoyen dans la durée. Ophélie et Pierre, trésoriers de leurs associations respectives, laissent entendre qu'ils sont des personnes de confiance. Cela vaut tous les auto-compliments que nous avons tant critiqués.

Veillez à ne pas annuler la bonne impression laissée par une mention valorisante en la faisant suivre par une affligeante erreur.

Bérénice ne se grandit pas en mettant en avant les mots « Shopping » et « Soldes » qui dégagent un sentiment de futilité ; pourquoi ne met-elle pas en valeur le mot « Triathlon » qui apparaît en toute fin ? On peut en dire autant de Thomas qui termine par « Sorties en boîtes », juste après avoir énoncé plusieurs centres d'intérêt tous particulièrement valorisants : athlétisme, piano, composition.

Une candidate mentionnait, au pied d'un CV que nous avions reçu :
Participation au Paris-Dakar moto 1997 - Abandon à la 7e étape
Participer à un tel rallye est une extraordinaire preuve de combativité et d'endurance ; qu'avait-elle besoin de mentionner son abandon ?

Remarque
Un entretien de recrutement n'est jamais aisé pour un candidat, quel qu'il soit. Le faire parler de ses centres d'intérêt, de ce qui le fait vibrer, permet parfois au recruteur de désinhiber un candidat bloqué par le stress et de découvrir des qualités insoupçonnées. Il advient même que recruteur et candidat se trouvent des passions communes ; pour le candidat, c'est toujours bon à prendre.

CASSER LA CHRONOLOGIE

Il est deux cas très typiques pour lesquels il est conseillé de s'affranchir de la chronologie du parcours professionnel.

DÉCLASSEMENT DE QUALIFICATION

Après un parcours professionnel sans faute, il arrive qu'une personne ait un incident de parcours qui l'oblige à accepter temporairement des emplois bien moins qualifiés que les précédents : licenciement, plan social ou parfois retour en France après un long séjour à l'étranger.
Hélas, la chronologie fait que ces dernières expériences apparaissent en haut de CV et dévalorisent fortement le parcours du candidat. C'est le cas de Justin qui, après une belle carrière en partie passée à l'étranger, accumule depuis deux ans des emplois alimentaires bien moins flatteurs.

DÉBUT DE CARRIÈRE LABORIEUX

La problématique des jeunes qui débutent une vie professionnelle est assez similaire : tout le début de leur carrière est souvent constitué d'emplois décousus, de jobs d'été, de missions d'intérim, sans aucun rapport avec leur projet professionnel actuel.
Tous ces emplois sont intéressants. Ils montrent leur volonté de travailler et leur adaptabilité mais ne doivent pas occulter d'autres emplois mieux en rapport avec la candidature qu'ils présentent. C'est en partie le cas des années 2010-2011 de Quentin.

SOLUTION : DÉDOUBLEZ VOTRE PARCOURS

Dans ces deux cas, nous vous conseillons de casser votre parcours professionnel en deux blocs :

- le premier bloc, en haut, présentera les emplois les plus valorisants, ceux qui sont le mieux à même de conforter le projet professionnel que vous annoncez dans le titre ;
- un second bloc, en bas, présentera vos autres emplois, qu'il s'agisse des emplois alimentaires de Justin ou des emplois parfois disparates et périodes d'intérim d'un jeune qui débute.

Ce second bloc peut même être écrit en gris, plutôt qu'en noir, pour passer au second plan.

Dans cette approche, il ne faut pas hésiter à bousculer la chronologie et si l'un des emplois de jeunesse est de nature à crédibiliser le projet professionnel affiché, ne pas hésiter à le remonter dans le bloc du haut.
Vous trouverez, en fin de chapitre, les versions bonifiées de ces deux CV (JJb, page 72) et (QQb, page 74) où tout ce qui n'est pas en adéquation avec l'objectif du candidat a été rejeté en bas de CV dans un paragraphe « Parcours hors cœur de métier » pour Justin, ou « Emplois temporaires » pour Quentin.

INTÉGRER LE TRAVAIL NON-DÉCLARÉ

Nous avons accompagné des personnes dont la carrière était en partie faite d'emplois non déclarés. C'est parfois le cas de jeunes qui ont gagné un peu d'argent au noir mais nous avons aussi rencontré des personnes dont presque toute la carrière avait été effectuée de cette façon et qui n'osaient pas le mentionner dans leur CV. Or, ces emplois leur avaient apporté une réelle qualification.
Il faut leur rappeler qu'un CV n'est pas une déclaration fiscale et qu'ils ont tout intérêt à valoriser les expériences vécues, quitte à les regrouper par grands « bouquets » de savoir-faire.
Dans cet esprit, le jeune Thomas ne mentionne aucune expérience susceptible de crédibiliser son désir de faire de la mécanique auto. Mais, en piochant au bas du CV, on découvre qu'il a en réalité une expérience non négligeable qui n'est pas mise en valeur.
Dans la version bonifiée (TTb) proposée en page 75, cette expérience est placée en tête du paragraphe « Expériences professionnelles » ; un employeur potentiel saura que, même en alternance, ce garçon sera immédiatement opérationnel et apportera une aide efficace à l'atelier.

MALADRESSES ET ERREURS QUI TUENT !

ORTHOGRAPHE ET FAUTES DE FRANÇAIS

Les fautes d'orthographe ou de français font partie des erreurs qui irritent maints recruteurs et peuvent les inciter à écarter une candidature avant même de l'avoir étudiée en détail.
La plupart du temps, c'est dans la lettre de candidature, moins formatée, que les fautes abondent ; nous avons compté près de 60 fautes dans une candidature d'une seule page ! Mais le document que le recruteur examine en premier, c'est le CV dans lequel on trouve des fautes parfois surprenantes.

Nicolas, qui a passé trois années au lycée Latécoère, l'écrit « Latéco**h**ère ». On peut être surpris que voyant chaque jour ce mot écrit en grandes lettres, il commette cette faute mais j'ai souvenir d'un élève ingénieur qui écrivait « Électr**é**cité » avec « é » au lieu de « i » !

Certains produisent même des CV qui comportent une faute flagrante dans leur propre adresse, sans parler des innombrables majuscules oubliées aux noms propres, y compris le leur.
Enfin, ceux qui disent maîtriser les logiciels Wor**l**d (au lieu de Word) et Excel**l** (avec deux « l ») laissent dubitatif quant à leur pratique effective.

En plus des fautes d'orthographe, il y a les fautes de français. Certaines personnes comme Bérénice et Ophélie stipulent « Permis B - Véhiculée », ce qui est impropre : une personne véhiculée est une personne qu'un tiers transporte dans son véhicule, pas celle qui conduit son propre véhicule.
Ces innombrables fautes n'ont aucune corrélation avec le niveau d'études du scripteur, certains candidats surdiplômés font plus de fautes que des candidats au bagage mince, comme Quentin qui s'en sort plutôt bien en dépit de quelques rares fautes d'accord et du mot « Languistique ».

EST-CE VRAIMENT SI GRAVE ?

On pourrait penser que c'est sans grande importance pour des métiers manuels mais c'est totalement faux. Même dans des métiers manuels, un employé peut être appelé à passer commande d'une pièce de rechange, établir un devis ou signaler un incident à sa hiérarchie… par écrit.
D'ailleurs, l'anecdote suivante devrait vous convaincre qu'une simple faute d'orthographe peut avoir des conséquences, même dans des métiers manuels.

Exemple

Je commande un gâteau d'anniversaire dans une pâtisserie. Quand je viens le récupérer, on me le présente et je peux lire en grandes lettres :

Bonne Aniversaire

Deux mots, deux fautes ! Que le jeune apprenti ait fait pareille erreur est déjà anormal mais que son patron ne l'ait pas vue non plus, voici un autre problème !
Impossible de réparer l'erreur ; j'ai emporté le gâteau en l'état et il a bien fait rire mes invités.

Cet artisan a définitivement perdu un client. Deux petites fautes, une grosse conséquence.

Que dire du peintre-décorateur qui ferait une faute dans une enseigne ?
L'afficheur lumineux d'un bus annonçait desservir la station « Pableau Picasso » ; est-ce acceptable ?
OUI, trois fois OUI : **même dans un métier manuel**, une bonne orthographe est importante.

TIREZ AVANTAGE DE LA RÉDACTION DE VOTRE CV

La rédaction de votre CV est un moment privilégié pour réfléchir et préparer la suite.
Revenant sur votre vécu, faites le tri entre ce qui est accessoire et ce qui est important, prenez de la hauteur et réfléchissez à ce que vous voulez faire de votre vie à court et à moyen terme.
La rédaction de votre CV vous aide à intérioriser les points forts de votre parcours et préparer les **éléments de discours** que vous pourrez dérouler lors d'un entretien. Cette réflexion sera utile à la préparation à l'entretien par la méthode dite « Œuf à la coque » que nous verrons en page 115.

En résumé, la rédaction du CV c'est l'occasion de :

- revisiter votre passé et en identifier les moments forts ;
- faire le tri : valoriser ce qui est important ; oublier ou minimiser l'accessoire ;
- structurer une présentation cohérente, pas forcément chronologique ;
- prendre de la hauteur et dessiner un projet professionnel ;
- emballer le tout dans un beau papier cadeau, une belle histoire à raconter.

TRANSFORMEZ UNE HORREUR EN PÉPITE

Si un candidat a peu d'atouts dans son jeu, peu de diplômes, peu d'expérience, son parcours vers l'emploi ne sera pas aisé mais il y a de bonnes chances pour qu'il soit en concurrence avec d'autres candidats aussi démunis que lui, donc rien n'est perdu.
Notre but n'est pas de faire en sorte que son CV soit excellent mais qu'il soit juste **meilleur que celui des autres compétiteurs**. Un CV net, clair, honnête ; en un mot : **acceptable**.

Et nous affirmons avec certitude qu'il est **toujours possible d'y parvenir**.

C'est ce que nous avons fait pour les versions bonifiées qui suivent et pour de très nombreux autres candidats qui ont soudain repris confiance en obtenant des entretiens alors qu'ils n'en avaient pas obtenu un seul pendant des mois.

Cette refonte est généralement assez rapide, **moins d'une heure** dans la plupart des cas. Mais ce travail est parfois bien plus long. Plus de deux demi-journées ont été nécessaires pour décortiquer le CV d'Ophélie, trouver quels points mettre en relief, isoler ses trois compétences puis recomposer intégralement le CV. Parfois même, il faut négocier pas à pas avec un candidat pour couper ce qui doit l'être, remodeler une présentation dont il était convaincu qu'elle était la meilleure du monde.
Ce n'est qu'une fois le travail terminé que l'évidence s'impose à lui.

L'expérience nous enseigne que, même parfaitement conseillé, aucun candidat ne peut faire ce travail par lui-même, il est trop imprégné et trop prisonnier de ce qu'il a déjà réalisé. C'est encore plus vrai pour des personnes qui ont déjà une belle et longue carrière, elles sont souvent incapables de la revisiter pour enlever des points mineurs et valoriser quelques faits marquants qui soient en accord avec leur nouveau projet professionnel.

Conseiller

C'est au conseiller et à nulle autre personne qu'incombe le délicat travail d'écrire ou remodeler le CV et les lettres des candidats auxquels il apporte son aide.

Ceci mérite que nous consacrions quelques lignes au difficile travail de conseiller emploi.

Conseiller

On nous a souvent objecté qu'un conseiller n'a pas le temps de remanier ou de rédiger intégralement, les CV des candidats qu'il épaule. Cela peut être vrai ponctuellement mais sur une longue durée c'est une réelle erreur de perspective ; voici pourquoi.

Un candidat doté d'un CV mal ficelé, de piètre qualité, qui voit toutes ses candidatures rejetées, va être sans cesse en demande de conseils et va représenter pour vous une charge qui peut se chiffrer en dizaines d'heures, bien plus lourde que n'eût été la refonte de son CV.

Il vaut mieux que vous passiez du temps à faire un bon CV et une bonne lettre **au tout début de l'accompagnement**, plutôt que de multiplier les entrevues avec un candidat qui ne parvient pas à percer et se décourage.

D'ailleurs, ce n'est pas l'écriture du CV qui prend le plus de temps, c'est le choix de son architecture générale, l'identification des points à valoriser, la manière de hiérarchiser les informations, toutes choses qui découlent naturellement des premières étapes du travail d'accompagnement que vous effectuez au cours de votre mission.

On nous a parfois objecté cette inacceptable dérobade « *Donne un poisson à un homme, il se nourrit une fois. Apprends-lui à pêcher, il se nourrira toute sa vie* » (Lao Tseu) ; autrement dit, « *Si je fais le CV de ce candidat, il n'apprendra jamais à le faire* ». Si séduisante soit-elle, aucune citation ne doit nous faire perdre de vue cette réalité : faute de donner à manger à cet homme, il mourra avant d'avoir appris à pêcher.

Concrètement, nous savons tous que la plupart des personnes que nous accompagnons n'ont pas une maîtrise suffisante de leur traitement de texte pour faire un bon CV. Pour acquérir cette pratique, il leur faudrait un temps considérable et une assistance avisée ; **ils ne le feront jamais.**

Ils ne sauront donc pas donner à leur CV le niveau de qualité souhaitable ; ne pas les aider, c'est prendre le risque qu'ils aillent durablement d'échec en échec.

Parmi les personnes que, comme nous, vous suivez, certaines sont en situation critique, dans une urgence absolue, dans la peur du lendemain et du déclassement. Dans ce moment difficile, c'est à nous et à nous seuls qu'il incombe de faire à leur place, et tout de suite, les CV de bonne qualité qu'ils sont dans l'incapacité de réaliser, afin qu'ils retrouvent vite un emploi. C'est pour nous tous une mission impérieuse dont nous connaissons le poids mais c'est notre honneur.

Techniquement :

Tout conseiller devrait savoir reproduire sans aucune difficulté, en une demi-heure environ, le CV de Mireille Monavis (débarrassé de son inutile dessin en filigrane).

Cela présuppose que chaque conseiller possède une parfaite maîtrise des fonctionnalités élémentaires de son traitement de texte :

- contrôle des paragraphes : alignement ; retraits ; espacement entre paragraphes ;
- positionnement et usage de tabulations (gauche ; centrée ; droite) ;
- usage de puces, avec un positionnement précis, parfaitement contrôlé ;
- création et usage de tableaux, de leur dimensionnement et de leurs encadrements.

CV BONIFIÉS

Parmi les CV qui vous ont été présentés en début de chapitre, nous avons procédé à une refonte légère de certains d'entre eux (commentés tout au long du chapitre).

En voici la liste :

DDb	Diakité Dombolo
JJb	Justin Jalon
OOb	Ophélie Osborne
QQb	Quentin Quinoa
TTb	Thomas Topistou

Ces CV, même bonifiés, pourraient encore être sensiblement améliorés mais ils sont devenus assez crédibles et attrayants pour retenir l'attention du recruteur et provoquer une convocation en entretien. N'est-ce pas ce qu'on attend d'un CV ?

D'ailleurs, si on remplace l'un des CV proposés en début de chapitre, qui ne séduisaient guère, par sa version bonifiée, on constate que ce CV bonifié est régulièrement coché en colonne « OUI » parmi les CV acceptables et peut même obtenir une médaille comme on le verra en toute fin de livre.

CONSEIL

Le temps que vous passerez à remanier un CV n'est pas du temps perdu mais du temps gagné. Cela peut réduire de plusieurs mois le temps requis pour accéder à un emploi.

Diakité **Dombolo**

Résidence Avélélou
42 cours Bouillon - 86000 Poitiers
06 54 32 10 00
dia_dombolo@euromail.com

Développeur Web

Mobile sur toute la Région Poitou-Charentes (Permis B + Véhicule personnel)

Pratique informatique

Systèmes Windows, Linux, Unix (AIX)
Langages C ; C++ ; C# ; PHP/html ; Javascript ; Java ; Visual Basic
Bases MySQL et Oracle

Parcours professionnel

2015-2016 **Développeur web**
Cohéris (*Logiciels de Relation Clients*) Asnières

- Actualisation d'une interface client avec MySQL et PHP
- Rédaction de la documentation - Formation des utilisateurs
- Utilisation de jQuery pour la vérification de formulaire

2014 (7 mois) **Développeur PHP et C#**
Gravelourd S.A. (*Société de services en informatique*) **Londres**

- Analyse de l'existant et du projet ; Rédaction du schéma fonctionnel
- Programmation d'un site web de questionnaires paramétrables
- Élaboration d'un protocole de test ; mise en service opérationnel
- Formation des utilisateurs (14 personnes) et mise en mains

2013 (3 mois) **Développeur web** *Stage d'école*
Alamarmit (*Logiciels d'Intelligence Économique*) Poitiers

- Découverte des bases de données Oracle
- Écriture d'une interface de requête en Pascal et Delphi
- Implantation sur le site Intranet de la société

Formation générale

2013 **BTS Informatique de Gestion** École **EPITA** - Paris
2010 **Bac Scientifique**, option SVT Lycée Falopode - Paris

Langues
Anglais Bonne pratique écrite et orale
Arabe À perfectionner

Divers & centres d'intérêt

- 24 ans Célibataire
- **Loisirs** Boxe anglaise ; musculation ; footing

Justin **Jalon**

1, rue Auguste Renoir
93600 Aulnay-sous-Bois

01-48-49-50-51
06-05-04-03-02

justin.jalon@free.fr

Responsable Service Après-Vente international

Parcours Professionnel

2010-2013 **Responsable Service Clients**

Claar Cellars *Cave viticole - **Santa Monica, USA***

- Garant de la gestion de la satisfaction client, sous contrôle direct de la Direction Générale
- Mise en place et développement des enquêtes annuelles (panel de 5.000 clients)
- Encadrement d'une équipe de 10 personnes

2007-2010 **Adjoint au Directeur SAV** Région Grand Ouest

La Foir'Fringues *Prêt-à-porter dégriffé*

- Gestion du site de centralisation de Nantes
- Recrutement des conseillers de l'accueil clientèle
- Animation des cours de formation des télé-conseillers
- Relations avec le Call Center du SAV (externalisé)

2001-2007 **Assistant du Directeur de la logistique**

Gifts Cash & Carry *Vente de cadeaux sur Internet*

- Suivi des flux d'appels ; répartition des charges sur les chaînes de préparation
- Responsabilité des approvisionnements et des stocks
- Suivi des retours clients et fournisseurs
- Contrôle de l'automatisation du magasin - Suivi des incidents

Parcours hors cœur de métier

Actuellement	**Conducteur de VTC**	Opera Mundi SARL	En poste
2015-2016	**Responsable de point-relais**	Colis-Portage SAS	Intérims : 2x2 mois
2014-2015	**Chef d'équipe groupage**	DHL	CDD 6 mois
2014	**Coursier**	TNT (Transports Express)	CDD 3 mois

Formation

2000 **Licence professionnelle en logistique** (option e-marketing)
1998 **BTS Commerce International**

Informatique **Conso-Plus** : Logiciel de gestion de la relation client
Maîtrise du **Pack Office** Microsoft (Word - Excel - Powerpoint)

Anglais **Courant** (quatre ans passés en Californie)

Ophélie **Osborne**

7 impasse Pazaurouge
59700 Marcq-en-Barœul

06 07 08 06 07
02 34 56 78 91
ophelie_osborne@hotmail.fr

Assistante de Direction

Véritable bras droit apte à vous seconder

50 ans - Permis B + véhicule personnel

Parcours professionnel

Douze années d'activité pour trois entreprises, avec des périodes en simultanéité :

2010-2016	**GROUMPF**	*Plombier-Chauffagiste*
2015-2016	**LMCP** - Le Maroilles-Chantilly Pasteurisé	*Fromagerie industrielle*
2005-2014	**VAMOSSE**	*Sous-traitance de Bouygues-BTP*

Assistante Commerciale	• Supports commerciaux (Word / Powerpoint) ; Préparation de salons professionnels • Prospection et vente (entreprises et particuliers) • Suivi commercial des clients, prise de commandes, plannings, conseils • Montage de dossiers de crédit pointus. Suivi ; gestion ; relances ; classement • Relations avec la maison-mère en Bosnie • Gestion des déclarations en Douane ; suivi des documents de transport
Gestionnaire-Comptable *Gestion complète de 3 entreprises en parallèle pendant 12 ans*	• Gestion Administrative, Comptable, Technique, et Juridique des 3 entreprises • Relations avec les administrations, cabinets comptables, organismes divers • Indexation et archivage de tous les documents (URSSAF, ASSEDIC, TVA, etc.) • Suivi et contrôle ; facturation et recouvrement. Relances Clients & fournisseurs • Saisies comptables, préparation du bilan. Déclarations de clôture ; dividendes • Télé-déclarations informatiques avec la DGFIP • Remises en banque ; rapprochements. Transfert des fichiers de prélèvement
Assistante de Direction	• Gestion des appels d'offres, DICT • Suivi des portefeuilles clients (80 à plus de 200 selon les entreprises) • Suivi du personnel, recrutement des intérimaires ; Tableau prévisionnel des congés • Mise à jour des tableaux de bord sous Excel • Gestion et suivi des formations, EPI. Saisie des payes ; suivi des frais • Autorisations chantiers pour le personnel (DRIRE ; Préfecture)

Début de Carrière

2003-2005	AlgoChimex	Secrétaire Commerciale	Vente d'algues alimentaires	
2000-2003	NRA Nord-Picardie	Assist. Cale. et Comptable	Stand de tir / Importation d'armes / Mini-musée	
1992-1995	VSR Informatique	Commerciale	Produits de sécurité pour les entreprises	
1991-1992	Maisons Kikroule	Commerciale	Vente de maisons neuves sur la région	(8 mois)
1987-1990	CAFPI Courtage	Assistante	Montage de dossiers de crédits	(temps partiel)

Formation

1991	**ECADIR**	Diplôme de l'École des Assistantes Direction
1990	**DUT Techniques de Commercialisation**	
1988	**Bac G3** - Gestion Commerce (STG) - et 1er degré de **Comptabilité**	
Langues	**Anglais**	Niveau B1 du CECRL
	Espagnol	Langue maternelle
Logiciels	Bureautique	Word, Excel et Powerpoint
	Spécialisés	CIEL (Comptabilité)
		Logiciel douanier réglementaire (Import/Export/Taxes douanières sur le Fromage)

Divers & Centres d'intérêt

- **Situation** — Mariée ; 2 enfants autonomes (15 et 24 ans)
- **Loisirs** — Tennis : joueuse et trésorière du Club de tennis
  Kayak de mer ; Marche nordique

Quentin **Quinoa**

65 boulevard Hicelle
18000 Bourges

09 18 27 36 45

qquinoa@euromail.fr

Cariste

CACES 1-3-5 + Carte Professionnelle

23 ans - Permis B + Véhicule personnel

Formation

2015	**CACES 1, 3, 5**	**Carte Professionnelle** OXD-2212
2014	**Brevet** de **Secouriste**	obtenu et validé
2012	**BAFA**	Spécialité Arts Plastiques
Langues	**Anglais + Espagnol**	Pratique élémentaire
Logiciels	Bureautique	Microsoft Word, Open-Office
	Retouche photo	Photoshop, Photofouchtra, VI-DO-Builder, KLamiT-Pro, et WMFabrik

Parcours professionnel

Expérience cumulée : 30 mois

Années	Poste occupé	Employeur	Durée
2016	**Cariste CACES 5**	***Salmon & Pilchard*** *S.A*	3 mois

- Préparation des commandes ; identification/Répartition des produits
- Préparation et filmage des palettes
- Déplacements et chargement / déchargement des camions
- Saisie informatisée des entrées et sorties de marchandises
- Respect des consignes de sécurité

2015-2016	**Préparateur de commandes**	***Körnishøn*** *GMBH*	5 mois

- Réception des bordereaux, vérification des nomenclatures, mise en bacs
- Pointage des références manquantes, retour d'information vers le service expédition
- Filmage, dépôt en zone de manutention

2015	**Manutentionnaire**	***Behrendsohn*** *GMBH*	4mois

- Réception et stockage des marchandises ; utilisation du transpalette manuel
- Déplacement, chargement, déchargement des marchandises ou produits
- Pointage des listes de distribution des transporteurs

2013-2014	**Préparateur de commandes**	***Groumpf*** *SARL*	9 mois

- Réception et pointage des bordereaux de livraison
- Recherche des références manquantes ou erronées ; retour au service Expéditions
- Groupement des produits, mise en cartons, filmage et étiquetage
- Saisie en informatique avec lecteur de code-barres
- Regroupement des colis ; préparation des listes de colisage

2013	**Coursier**	***Messagers-On-Line***	7 mois

- Ramassage du courrier et petits colis dans les entreprises de la zone
- Préparation des listes de colisage ; pointage en informatique
- Entretien courant du véhicule : plein, niveaux, pression des pneus

2012	**Manutentionnaire**	***Rumweiss*** *A.G.*	2 mois

- Déchargement des camions, pointage sur liste de dédouanement
- Enlèvement des protections PVC ; rangement en zone de répartition

Emplois temporaires

2011	La Royale	**Pizzaïolo**	(4 mois)
2010	La Galiotte	**Serveur**	(3 mois)
2010	ALDI	**Employé polyvalent**	(3 mois)

Thomas **Topistou**

40 route Delassoy - 54545 Sainte Patience

06 77 88 99 00

thomas_54545@euromail.net

Mécanicien Auto en Alternance

en vue de l'obtention d'un **Bac Pro**

Né en 1996 (20 ans) - Mobile sur tout le département (Scooter)

Projet personnel

Mettre à profit l'expérience pratique acquise au cours des 6 années écoulées pour finaliser l'obtention de mon **Bac Pro**, puis me spécialiser comme **diéséliste**, avec une double compétence Auto et Bateau.

Formation

2014-2016	CAP *Maintenance de Véhicules Automobiles*
2014	Classe de Seconde générale
2012	Brevet des Collèges

Informatique	Word, Excel	
	Sage	(logiciel comptable)
Langues	**Anglais**	Niveau A2 : Bonne pratique en usage quotidien (séjour d'un mois à Brighton)
	Espagnol	Niveau A1

Expériences professionnelles

2011-2016 **Aide Mécanicien Auto** — Six fois 1 mois

Saisonnier dans le garage de mon oncle, tous les étés depuis 2011
Vidange ; niveaux ; petit entretien
Démontage et remplacement de pneus, équilibrage ; remplacement de plaquettes

---

2015 **Équipier de Centre de Tri de la Poste** — Emploi d'été : 2 semaines

Ouverture des sacs ; approvisionnement des machines de tri
Vidage des bacs de réception ; traitement des rejets

2014 **Serveur en restauration** à Brighton — Saisonnier : 1 mois

Prise de commandes ; service en salle ; nettoyage

2014 **Manutentionnaire** (Jardineries **Séquoia**) — Stage : 2 semaines

Manutention ; mise en rayon ; nettoyage des cages des animaux
Déplacement des arbustes ; aide au déchargement de camions

Divers et centres d'intérêt

Loisirs	**Athlétisme**	Pratique en club : 100m, 110m haies, triple saut
	Musique	6 ans de piano ; composition

3

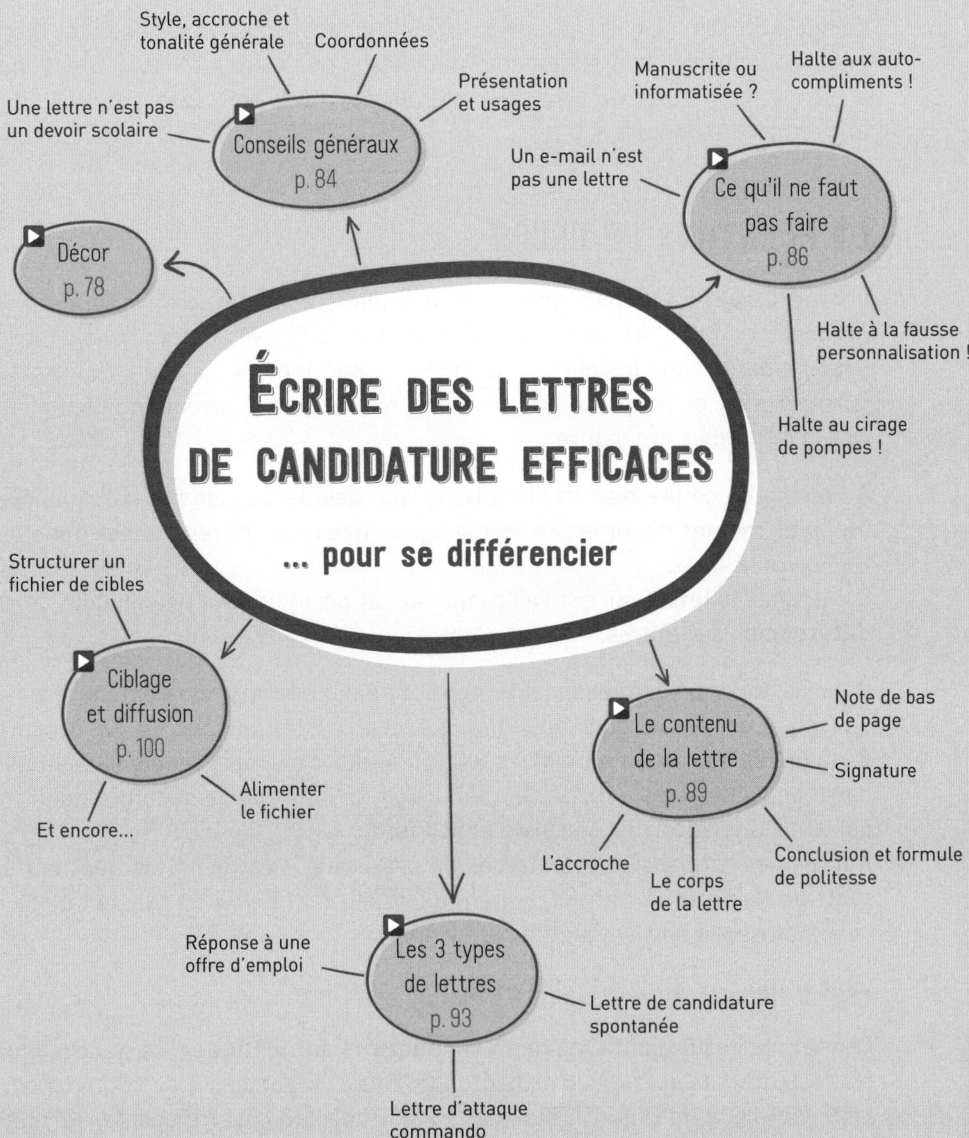
ÉCRIRE DES LETTRES DE CANDIDATURE EFFICACES
... pour se différencier
Décor p. 78
Conseils généraux p. 84
Style, accroche et tonalité générale
Coordonnées
Présentation et usages
Une lettre n'est pas un devoir scolaire
Ce qu'il ne faut pas faire p. 86
Manuscrite ou informatisée ?
Halte aux auto-compliments !
Un e-mail n'est pas une lettre
Halte à la fausse personnalisation !
Halte au cirage de pompes !
Le contenu de la lettre p. 89
Note de bas de page
Signature
Conclusion et formule de politesse
Le corps de la lettre
L'accroche
Les 3 types de lettres p. 93
Réponse à une offre d'emploi
Lettre de candidature spontanée
Lettre d'attaque commando
Ciblage et diffusion p. 100
Structurer un fichier de cibles
Alimenter le fichier
Et encore...

Parce que le contenu de votre CV doit rester très factuel, votre lettre de candidature, plus ouverte, vous permet de mettre en évidence des points forts propres à valoriser votre projet professionnel. C'est également par le style que vous lui donnerez que vous pourrez montrer quelle est votre personnalité.

La lettre n'est donc pas une simple formalité banale qu'on peut négliger mais, bien au contraire, un acte de communication mûrement pensé pour donner à votre candidature cette saveur personnelle qui fera la différence avec les autres compétiteurs.

PLANTONS LE DÉCOR

Le recruteur qui publie une offre d'emploi reçoit un grand nombre de réponses ; il fait alors un tri rapide et élimine la plupart de ces candidatures pour ne garder que les plus pertinentes. Généralement c'est le CV qui sert à faire ce premier tri, parce qu'il contient bien plus d'informations factuelles, que la lettre de candidature.

Au terme de ce premier tri, il ne reste que des personnes qui ont sensiblement les mêmes diplômes, le même âge et des expériences professionnelles très comparables.
C'est alors **la lettre** qui est l'élément capital permettant à un candidat de se **différencier** des autres.

Pour certains postes (assistante de direction, rédacteur de contenu presse ou web...), on attend du candidat qu'il sache rédiger un courrier, un rapport, dans un style plaisant à lire avec une présentation irréprochable sans fautes d'orthographe ni de français. En pareil cas, la lettre de candidature doit être parfaite dans sa forme, son style et son fond.
Auprès des artisans et commerces de proximité, il est généralement préférable de se présenter physiquement à l'employeur. En pareil cas, la lettre de candidature est souvent inutile : le CV suffit.

Vous trouverez, ci-après, cinq exemples de lettres.

Ces lettres résultent du maquillage de **lettres authentiques**, ce qui explique les maladresses et fautes d'orthographe. Toutes répondent à des offres d'emploi, sauf celle de Dimitri Patouille, qui est une candidature spontanée ; une distinction qui sera expliquée en page 95. Certaines sont de très piètre qualité, d'autres sont nettement plus pertinentes mais toutes vont nous aider à illustrer notre propos.

Annabelle Decadisse
8 boulevard Andunil
75010 Paris
Tel : +33 (0)6 12 34 56 78
Mail : anna2k10@euromail.com

Paris, le 2 décembre 20165

Informidable
M. Paul Hochon
23, rue Ordener
75010 PARIS

Objet: Candidature au poste de consultant MOA.

Messieurs,

Informidable est un acteur dynamique dans la MOA des Systèmes d'Information. Son succès repose sur sa capacité à proposer des conseils spécifiques et pragmatiques adaptés à l'environnement du client. Informidable affiche de bons résultats depuis plusieurs années, performance remarquable dans le contexte actuel.

De formation initiale scientifique, j'ai choisi d'intégrer l'INT Management (Institut National des Télécommunications) car la double compétence technique/management m'attirait tout particulièrement. J'ai acquis à l'INT de nombreuses connaissances et des méthodes d'analyse que j'ai mises en pratique lors de diverses périodes de stage en entreprise. J'ai également suivi un Mastère Spécialisé en Bases de Données et Progiciels au sein de l'Institut Polytechnique de Saint-Pierre-Des-Corps. C'est ce désir d'entreprendre, de construire et de m'impliquer dans des projets d'envergure qui m'a conduite à créer l'entreprise que j'ai également co-dirigée : Popup-Web SARL. Cette société proposait la réalisation d'audits de sites Internet en utilisant un large panel d'internautes. Grâce notamment à cette aventure, j'ai pu confirmer mes goûts prononcés pour la gestion de projet et affirmer mon orientation pour les technologies de l'information.

Dans le cadre de ma dernière expérience chez StarWay AG, en Allemagne, j'ai participé à la refonte du système de GIM (Gestion Information Management) où j'ai pu prouver ma capacité à m'intégrer rapidement et à travailler en équipe dans un environnement international. Pour ces raisons, je suis convaincue que mon profil est en adéquation avec la philosophie et les valeurs de Informidable. Je souhaite pouvoir bientôt m'y impliquer pleinement, et mettre mes compétences, ma rigueur et ma créativité au service de votre société. Je serais heureuse de vous présenter plus avant mon parcours, mes expériences et mon projet professionnel. Je me tiens à votre entière disposition pour une entrevue à votre convenance.

Dans l'attente de votre réponse, que j'espère positive, je vous prie de bien vouloir croire, Messieurs, à mes respectueuses salutations.

Annabelle Decadisse

Cellule Recrutement (Job Hunter Trainer)

De:	Bruno Tarial [bruno.tarial@yahoo.fr]
Envoyé:	mercredi 30 novembre 2016 19:45
À:	recrutement@interfluences.fr
Objet:	Votre annonce La Voix du Nord du 24
Pièces jointes :	B-Tarial_CV.doc

Je m'ocupe aujourd'hui de trois projet :

* Le premier est une solution d'accès aux fichiers de la Banque de Patagonie (FCCBN, ZORK2, Dough-Global et WAHOU) et à SECU-PLUS pour la gestion de risque d'investissement.
* Le deuxième est une solution de gestion de portefeuille boursier.
* Enfin, le troisième est une solution de gestion des effet de commerces.

Cependant, je suis disponible sous une semaine et le poste Chef de projet technologie WEB que vous proposé semble répondre à mes attentes.

Rencontrons-nous pour parler d'une possible collaboration.

Cordialement,

Bruno Tarial
Chef de projet
Mobile : **06.12.34.56.78**
Téléphone fixe : 01.34.87.56.43
Email : bruno.tarial@yahoo.fr

Céline O' Leum

71 Cours Surpathe
56321 Bécotons-les-Bécasses

06 78 91 23 45
celineoleum@wanadoo.fr

Croco Deal
Z.I. Est
8, rue Ali Ghator
BP 951
14041 Mondeville Cedex
A l'attention de Monsieur K. Hyman

Objet : Votre annonce JHT-060327

Monsieur,

Dans Ouest-France du 5 Juin vous avez manifesté votre désir de recruter un **Contremaître** pour votre atelier **Conditionnement / Expéditions.**
C'est un poste qui est en parfaite adéquation avec mon expérience professionnelle et avec les objectifs de développement personnel que je me suis fixés.

Mes fonctions précédentes m'ont largement préparée à assumer de telles responsabilités :

- Maîtrise de la chaîne de conditionnement acquise chez L'Oréal à Aulnay-sous-Bois
- Longue pratique des expéditions chez un grossiste en fournitures de bureau
- Habitude de l'encadrement d'équipes, essentiellement masculines, de 5 à 11 personnes

Ayant été "**Référent Qualité**" de mon atelier, dans le cadre du plan de certification ISO 9000 chez mon dernier employeur, je vous apporte la garantie d'une grande rigueur et d'un respect scrupuleux de vos procédures de suivi qualité.

Enfin, arrivant au terme de ma mission actuelle, je peux être libre sous 3 semaines.

Je suis à votre disposition pour vous rencontrer, à votre meilleure convenance, afin que nous puissions définir ensemble les bases d'une possible coopération.

Dans cette attente, je vous prie d'agréer, Monsieur, l'expression de mes salutations distinguées.

Bécotons, le 8 Juin 2016

Céline O'Leum

Dimitri Patouille

Villa Vatory - 100 Cours Tisane
13006 Marseille

06 17 28 39 40

dima.patouille@sfr.fr

«Civilité» «Contact»
«Entreprise»
«Adrs1»
«Adrs2»
«Adrs3»
«CP» «Ville»

Objet : Recherche d'emploi

«Civilité»,

Titulaire d'un Bac Professionnel, je souhaite étoffer mon profil par une pratique de terrain approfondie dans l'***installation et la maintenance d'appareillages électriques***.

Par la suite, dans le prolongement naturel de ma spécialité actuelle, je souhaite acquérir des compétences en ***domotique***, afin d'offrir le plus large éventail possible d'aptitudes et de qualifications professionnelles.

Accepteriez-vous de m'intégrer au sein de votre équipe ?

Je connais les exigences du métier ; croyez que je saurai m'investir totalement pour être rapidement opérationnel, et faire face aux tâches que vous me confierez.

Je suis disponible pour vous rencontrer à votre meilleure convenance, et étudier avec vous les modalités d'une possible embauche.

Dans cette attente, je vous prie d'agréer, «Civilité», mes salutations distinguées.

Marseille, le 17 Janvier 2017

Dimitri Patouille

Jonathan Loreille

6-ter Avenue Tavéparti
60500 Chantilly

06 05 04 03 02
jonathan_loreille@tiscali.fr

Chantilly, le 17/09/16

Madame Rose Pistache
Le Sorbet Minute SARL
9, rue du Mont Blanc
75003 PARIS

Réf : **LL-060329-BL**
Administrateur réseau

Madame,

Je me permets de vous envoyer dès à présent ma candidature pour faire référence à l'offre sur le site Monster.

La notoriété et le succès grandissant de votre entreprise sont parvenus jusqu'à moi, et me motivent pour vous proposer mes services et mon sens opérationnel.

Motivé, dynamique, j'ai pu acquérir de solides compétences en matière de systèmes et réseaux informatiques (Windows XP/Vista/Seven/10, Unix/Linux, Ethernet, ATM, X25, FR, RNIS, WLAN, IP, VPN, VB, SQL Server, Access, MySQL, ...). Mon parcours m'a permis de mettre en valeur toutes ces compétences dans la fonction de support utilisateurs informatique et également d'administrateur réseaux. J'aime aider, conseiller et assister les clients ou utilisateurs. J'ai le goût du travail en équipe, un excellent relationnel, et le sens du service.

Motivé et dynamique, je souhaiterais donc vous rencontrer, cela sera pour moi l'occasion de vous montrer ma motivation et ma rapidité d'adaptation à travailler au sein de votre groupe.
C'est avec plaisir que je développerai plus avant mes expériences lors de l'entretien que vous m'accorderez. Veuillez agréer, Monsieur, l'expression de mes salutations distinguées.

Jonathan Loreille

P.J. : Mon CV

CONSEILS GÉNÉRAUX

Nous distinguerons plus loin dans ce chapitre trois types de lettres :

- la réponse à une offre d'emploi ;
- la candidature spontanée ;
- une forme de candidature spontanée apparentée à une attaque commando.

Commençons par quelques règles générales valables dans tous ces cas.

UNE LETTRE N'EST PAS UN DEVOIR SCOLAIRE

Chaque recruteur reçoit quantité de lettres longues et filandreuses rédigées comme des dissertations avec une introduction interminable et fade, suivie d'un long développement dans lequel un recruteur aurait bien du mal à discerner le véritable but du candidat. Or, d**ès les toutes premières lignes, il a besoin de savoir qui est le candidat et quel poste il recherche**.
Ayez en tête qu'**une candidature n'est pas une dissertation de baccalauréat**.

STYLE, ACCROCHE ET TONALITÉ GÉNÉRALE

Il faut aller très vite à l'essentiel ; adoptez un style très concis, nerveux. Faites des phrases courtes, claires, sans digressions ni multiples subordonnées.
C'est souvent par sa première phrase qu'un candidat peut se différencier du lot des soupes insipides que tout recruteur reçoit à longueur d'année. Cette accroche est un élément clé ; il faut lui donner une **touche personnelle originale et tonique**. Nous y consacrerons un paragraphe complet.

Une lettre doit être **brève** : 10 à 15 lignes environ (celle d'Annabelle avec ses 26 lignes et 2 000 caractères est bien trop longue). Une lettre doit comporter moins de 1 500 caractères tout compris. En fin de chapitre (page 105), vous trouverez une version entièrement remaniée de cette lettre. Elle passe de 26 à 12 lignes seulement et pourtant elle est plus claire et les quatre ou cinq idées fortes noyées dans l'original sont mieux mises en valeur. Tout le reste ne sert à rien.

Votre lettre de candidature ne doit pas répéter ce qui est déjà dit dans votre CV mais le compléter et éclairer certains points forts qui ne sont pas du ressort d'un CV.

COORDONNÉES

Comme le CV, votre lettre doit comporter, en haut et à gauche, tous les éléments permettant de vous identifier : prénom et nom (dans cet ordre), adresse postale, téléphone, adresse e-mail.
Pour la présentation, reportez-vous à ce qui a été dit en page 48.
Elles peuvent être alignées à gauche, comme Dimitri, ou sur une tabulation centrée, comme Céline :

Robert Muda	***Robert Muda***
100 rue Bicon - 14000 Caen	*100 rue Bicon - 14000 Caen*
06 07 08 09 10	***06 07 08 09 10***
bob.muda@free.fr	*bob.muda@free.fr*

PRÉSENTATION ET USAGES

Puisqu'il vous faudra certainement envoyer des dizaines de lettres de candidature, utilisez des enveloppes à fenêtre (pré-timbrées de préférence) et faites en sorte que l'adresse du destinataire se place parfaitement sous cette fenêtre. À cet effet, la première lettre de l'adresse doit se positionner à 11 cm du bord gauche et à 6,5 cm du haut de la feuille.

Veillez à prévoir des marges importantes à gauche et à droite. Un texte qui occupe toute la largeur de la page provoque une impression d'étouffement et donne de vous une image désagréable.
Une lettre n'est pas un livre ; votre texte doit être aligné à gauche mais surtout pas à droite (texte justifié). Nul n'a envie de lire le pavé compact rédigé par Annabelle.

La politesse veut qu'on n'utilise pas d'abréviations dans le nom des destinataires : on n'écrit pas à « *Mme* Michu », mais à « *Madame* Michu » en toutes lettres. Plutôt que « M. Paul Hochon », Annabelle eût mieux fait d'écrire « Monsieur Paul Hochon » ; cela ne demandait pas un bien gros effort.
Commencez vos lettres en saluant le destinataire par « Madame » ou « Monsieur » (« Mademoiselle » ne se dit plus). Si vous ne savez pas à qui elle parviendra, écrivez « Madame, Monsieur ».
Vous pouvez aussi vous adresser à lui par sa fonction ou son titre (par exemple, « Monsieur le Directeur » ou « Maître »). L'usage veut qu'on ne précise jamais le nom de la personne.
La formule de politesse finale doit reprendre le même terme : si la lettre commençait par « Madame », vous terminerez par « Je vous prie d'agréer, Madame » etc. Ici encore, ne mentionnez jamais le nom. Commencer par

« Madame Michu » et terminer par « Veuillez agréer, Madame Michu... » est une faute de goût. Cette forme de matraquage très utilisée en publicité serait du plus mauvais effet dans une lettre de candidature.
Attention aux « copié/collé » : certaines lettres qui commencent par « Madame » se terminent parfois par « Monsieur » ; maladresse que Jonathan aurait pu éviter par une relecture attentive.

Traditionnellement, la date est placée en haut et à droite de la page mais si vous dupliquez une lettre pour l'envoyer à un destinataire différent, vous risquez d'oublier de mettre la date à jour. Aussi nous vous conseillons de plutôt placer la date en bas et à droite, juste au-dessus de votre nom, comme Céline ou Dimitri. Au moment de **signer manuellement la lettre**, votre regard sera forcément attiré par la date et vous pourrez vous assurer qu'elle est exacte.
La date en haut de la lettre d'Annabelle est erronée ; sans doute une erreur qu'une relecture attentive aurait permis d'éviter.
Enfin, il est conseillé d'écrire aussi la date en toutes lettres : 17 septembre 2016, plutôt que 17/09/16 comme l'a fait Jonathan.

CE QU'IL NE FAUT PAS FAIRE

UN E-MAIL N'EST PAS UNE LETTRE

Une lettre de candidature doit être un vrai document, parfaitement composé et mis en page au moyen d'un traitement de texte. Elle peut être envoyée par e-mail comme **pièce jointe** mais en aucun cas elle ne doit constituer le corps du mail lui-même.
En effet, si le recruteur veut imprimer les lettres de candidature pour constituer des dossiers papier, les e-mails seront imprimés de manière fruste, fort peu attractive ; c'est le cas de la lettre de Bruno, un exemple frappant de ce qu'il ne faut pas faire.

MANUSCRITE OU INFORMATISÉE ?

On nous demande régulièrement si la lettre doit être manuscrite ; **NON**, cent fois **NON**, et cela même dans le cas où une offre d'emploi stipule « *Lettre manuscrite* ». Il y a plusieurs raisons à cette recommandation :

- en tout premier lieu, on sait bien qu'au cours de sa recherche, tout candidat va devoir écrire de très nombreuses lettres. S'il les rédige à la main, au mieux il se découragera rapidement et restreindra sa prospection, au pire il attrapera la crampe de l'écrivain ;

- deuxièmement, l'entreprise qui demande une lettre manuscrite laisse entendre qu'elle veut se livrer à une **analyse graphologique**, spécificité très française plutôt archaïque. Certes, si elle est bien faite, pareille analyse peut être un apport utile pour apprécier un candidat mais rares sont les recruteurs qui ont la formation requise pour le faire (probablement pas un sur mille !). Le risque est alors grand qu'ils rejettent certaines candidatures en raison d'un diagnostic infondé.
  Votre médecin serait-il un incapable parce qu'il écrit… comme un médecin ? Et maints grands hommes avaient une écriture si épouvantable que leur lettre n'eut pas même été lue.

Quant à confier cette étude à un graphologue professionnel, il en coûterait entre 150 et 200 € par page. Quel recruteur serait assez fou pour dépenser plusieurs milliers d'euros pour examiner la cinquantaine de candidatures qu'il a reçues ? Il limitera l'opération aux 4 ou 5 candidats qu'il aura déjà reçus en entretien. Il lui sera alors possible de leur demander, au cours de l'entretien, de rédiger un texte manuscrit. Préparez-vous à cette éventualité. Un texte très simple suffit à tout bon graphologue, par exemple :

Ce texte a été rédigé sur le vif à la demande de Monsieur Victor Turet, responsable de la cellule Export, en vue d'effectuer une analyse graphologique pour les besoins d'un recrutement pour le poste de responsable avant-vente Amérique du Nord de la Société des Pesticides Naturels KIPU. Je donne mon plein accord pour cette expertise, dont les conclusions seraient pour moi du plus grand intérêt.

Fait à Soulac-sur-Mer, le 5 Août 2017
Colin Sosolandez

(n'oubliez pas de **signer** ce document)

Par sa dernière phrase, ce candidat manifeste son souhait légitime de connaître les conclusions de cette analyse. En effet, si la graphologie est l'un des nombreux tests de personnalité qui apportent des éléments d'appréciation à un recruteur professionnel, le savoir-vivre voudrait que les conclusions de ces tests soient communiquées au candidat. Comme peu d'entreprises le font, il n'est pas inutile de le leur rappeler avec tact.

▶ HALTE AUX AUTO-COMPLIMENTS !

Depuis des années, nombre de conseillers martèlent que le candidat doit convaincre le recruteur de son engagement et de sa motivation à telle enseigne ; ce qui s'appelait autrefois « *Lettre de candidature* » est devenu en quelques années « *Lettre de motivation* ». Nous avons déjà souligné à quel point cette absurdité est contre-productive ; reportez-vous en page 46.

Rappelons-le : il faut totalement bannir les mots « motivation », « motivé », « dynamique », « bon relationnel » et tous autres auto-compliments qui, comme nous l'avons déjà dit, n'ont **aucune crédibilité** et témoignent du caractère suiveur et moutonnier du candidat. Jonathan mentionne quatre fois sa prétendue motivation, mais est-il parvenu à vous convaincre ?
Ne faites pas non plus profil bas. Évitez : *un peu*, *peut-être*, *je crois*, et autres *je pourrais...*
Le conditionnel n'est pas de mise ! Trouvez un juste milieu entre arrogance et excès de modestie.

▶ HALTE À LA FAUSSE PERSONNALISATION !

Des conseillers vous suggéreront certainement de montrer que vous avez une excellente connaissance de l'entreprise auprès de laquelle vous postulez, mais est-ce vraiment crédible ?
C'est oublier un peu vite qu'en dehors de quelques affligeantes généralités glanées sur Internet, un candidat ne sait rien des entreprises auxquelles il s'adresse, surtout si ce sont des TPE ou artisans que personne ne connaît et dont on a bien peu de chances de trouver la description sur Internet !
Rappelons que 50 % des Français travaillent dans des entreprises de moins de 250 employés.

Quant aux grosses entreprises, que peut-on en dire que tout le monde ne sache déjà ?

Renault, premier exportateur Français de voitures...

STMicroelectronics a une renommée mondiale dans le développement de semi-conducteurs...

Qu'est-ce que ces lieux communs nous apprennent sur un candidat ? Absolument rien !
C'est pourtant le seul sujet qui intéresse le recruteur ! Ces envolées lyriques prouvent seulement que ce candidat a été capable de frapper le nom de l'entreprise dans Google puis de faire un copié/collé dans sa lettre ; quel exploit !

Ce type de « candidature Google » montre que ce candidat applique n'importe quel conseil de manière irréfléchie. C'est plutôt un repoussoir qu'un atout. La lettre d'Annabelle est très représentative : ses quatre premières lignes à la gloire de l'entreprise sonnent faux et décrédibilisent sa prose.

La fausse personnalisation des lettres a aussi un effet pervers car, avant de trouver un emploi, il faut parfois envoyer d'innombrables candidatures et le candidat va perdre un temps considérable à personnaliser ses lettres par des artifices immédiatement éventés ; que de temps perdu en vain !

Consacrez plutôt votre temps à rédiger **une lettre**, **une seule**, bien tournée, **concise** et **incisive**, qu'il soit possible d'envoyer à n'importe quelle entreprise de la branche que vous prospectez.
Hélas, notre formation scolaire ne nous prépare pas à rédiger de manière concise ni incisive ! Cela ne se fait pas en 5 minutes sur un coin de table ; il y faut parfois de très longues heures.
Le temps que vous y passerez n'est pas du temps perdu, c'est ce qui vous démarquera des autres candidats.

HALTE AU CIRAGE DE POMPES !

Si les auto-compliments sont dévastateurs, les compliments faits à l'entreprise qui recrute ne le sont pas moins. Quand une TPE inconnue reçoit une lettre qui commence par « *La notoriété et le succès grandissant de votre entreprise sont arrivés jusqu'à moi* » (Jonathan), elle sait déjà que ce candidat est prêt à n'importe quel mensonge pour se frayer un chemin ; une démarche vouée à l'échec.

LE CONTENU DE LA LETTRE

Toute lettre comporte trois parties : l'**accroche** qui permet en deux ou trois lignes d'intéresser le lecteur, le **corps de la lettre** où on développera les quelques points qu'on veut mettre en valeur, et enfin une **conclusion** avec la formule de politesse finale.

L'ACCROCHE

Comme son nom l'indique, l'accroche est destinée à appâter le lecteur et lui donner envie de lire la suite de la lettre, sous réserve que cette dernière ne soit ni trop longue ni mal présentée.

Comment nos candidats s'en tirent-ils ?

Annabelle	N'a pas de véritable accroche. Elle assène juste quelques louanges excessives tout droit sorties d'une publicité pour flatter l'employeur ! Ce n'est pas de nature à retenir l'attention. La suite est lourde, compacte et décourage le lecteur de poursuivre.
Bruno	N'a pas non plus d'accroche mais rentre immédiatement dans le vif de son travail. Cela aurait pu être une bonne idée mais il fait déjà deux fautes dans cette courte ligne, et la suite est si maladroite que cette lettre est dissuasive. Nous y reviendrons.
Céline	Répond à une offre d'emploi ; son accroche en rappelle la teneur, puis enchaîne par une phrase excellente qu'on peut résumer en deux points forts : « J'ai l'expérience du métier » et « J'ai la volonté de progresser ». Très bonne accroche ; tout recruteur appréciera !
Dimitri	Envoie une candidature spontanée. En deux lignes, il dit lui aussi sa volonté de progresser. Une ligne écrite en gras un peu plus bas attire l'œil : il manifeste son envie de rejoindre cette entreprise. Le tout est clair et engageant ; bonne lettre aussi.
Jonathan	Aligne des formules plates enrobées d'un charabia ampoulé : « Je me permets de vous envoyer ma candidature » (on le voit bien !) ; « dès à présent » (n'a pas de sens) ; « pour faire référence à l'offre » (mal formulé). Le tout est suivi d'une phrase ronflante et d'une incroyable accumulation de « Motivé ». Disons-le clairement : il a raté son entrée ! Jonathan n'est pas une exception ; beaucoup de lettres utilisent des termes similaires.

Voici quelques formulations que nous vous conseillons vivement d'oublier :

Je suis en recherche d'emploi	**On s'en doutait un peu**
Je vous écris	**Pourquoi le dire ? On le voit bien**
Je me permets de...	**Formule inutilement humble**
Je sollicite le poste de...	**Ce candidat semble mendier son poste**
Je pense avoir les qualités requises	**Il ne suffit pas de le dire**
Ayant démissionné de Valéo...	**Commencer par une démission est maladroit**

Plus généralement, toute formulation qui met le candidat en situation de quémander un emploi est à éviter ; il faut oublier l'appellation « demandeur d'emploi » à connotation attentiste pour se transformer en « chasseur d'emploi conquérant » !

L'accroche de Céline était intéressante, en voici une autre très engageante :
Forte de deux années d'expérience au département Export d'une entreprise internationale, j'entends approfondir et élargir l'éventail de mes compétences au contact d'une équipe pluridisciplinaire expérimentée.
Dans cette optique, votre offre d'emploi constitue pour moi une opportunité de qualité.

▶ LE CORPS DE LA LETTRE

Nous avons dit que la lettre doit être brève ; il faut donc en réduire le corps à des éléments factuels essentiels. Le cas de Dimitri est intéressant : sa lettre met en avant quatre points forts propres à séduire un employeur potentiel :

Je cherche à acquérir une expérience de terrain.
Je suis prêt à évoluer.
Je connais les exigences du métier.
Je suis prêt à m'investir totalement (tellement préférable au sempiternel « Je suis motivé »).

Lorsque nous l'avons connu, le jeune Dimitri n'avait aucune expérience professionnelle mais, par ce cocktail, nous l'avons aidé à montrer combien il était volontaire et déterminé à progresser. Quelle entreprise n'aurait pas été intéressée ?

La lettre de Céline est également très pertinente. Après une bonne accroche, elle rappelle trois expériences qui la campent comme personne qualifiée dans des termes différents de son CV : elle mentionne habilement qu'elle a encadré des équipes essentiellement masculines, ce qui suppose un certain ascendant ; en rappelant qu'elle a été « *Référent Qualité* », elle assoit ses qualités infiniment mieux que si elle écrivait, comme tant d'autres, « *Je suis rigoureuse et organisée* ».

CONSEILS

Parce que ces lignes de force ont été valorisées par l'usage de « puces », on nous a souvent objecté « *Cela ne se fait pas !* ».
Et pourquoi donc ? Une lettre de candidature n'est pas un ouvrage littéraire ; on ne lui demande que d'être efficace et de faire apparaître en un clin d'œil les points importants. Essayez, vous serez surpris du résultat !

À l'opposé, Bruno accumule maladresses et erreurs rédhibitoires.
Pour ce qui est des maladresses, nous avons déjà noté qu'il envoie un e-mail au lieu d'une vraie lettre, qu'il accumule les fautes d'orthographe, dont deux dans la première ligne, et que « *Cordialement* » est déplacé dans ce contexte ; c'est déjà beaucoup, mais il y a pire.
Il dit « *s'occuper* » de trois projets. Était-il chef de projet, comme le laisse supposer sa signature, simple exécutant ou contributeur occasionnel ? La locution « *je m'occupe* » n'a pas sa place dans une candidature, il faut être précis (« *J'encadre* », « *Je pilote* », « *Je participe à* », etc.).

Puis, il conclut par « *Je suis disponible sous une semaine* ». Diable, comment fait-il ? Il plante là ses trois projets, ses clients et son employeur ? C'est bien entendu le plus mauvais message qu'il pouvait envoyer à un recruteur potentiel ! Nul n'a envie d'embaucher un salarié qui se montre prêt à quitter son emploi à tout moment.

Pareilles erreurs sont hélas fréquentes dans les lettres tout comme en entretien.

CONCLUSION ET FORMULE DE POLITESSE

Comme conclusion, le candidat peut, d'une courte phrase, mentionner qu'il est à même de se rendre à un entretien ; Annabelle, Céline et Dimitri le font très bien mais Bruno et Jonathan font preuve de maladresse. Le « *rencontrons-nous* » de Bruno et « *l'entretien que vous m'accorderez* » de Jonathan résonnent comme des ordres comme si un candidat pouvait exiger d'être reçu !

Parfois, la perspective d'un rendez-vous est peu envisageable ; un Strasbourgeois qui postule à Toulouse peut parfaitement suggérer un premier contact par téléphone ou via une messagerie vidéo comme Skype, FaceTime, Viber ou autres. Il peut aussi suggérer de rencontrer le recruteur à la faveur d'un déplacement qu'il compte faire à Toulouse à telle date donnée ; c'est une manière de montrer son envie d'obtenir un entretien. Certes, il force un peu la main du recruteur mais avec tact.

Quant au candidat qui est en poste, il est en droit de préciser quels sont les jours ou les créneaux horaires auxquels il lui serait le plus facile de se libérer. Ici encore, la délicatesse est de rigueur.
Pour ce qui est de la formule de politesse, on a consacré à ce sujet d'innombrables livres avec des formules adaptées à toutes les circonstances de la vie ; il convient d'en adopter une simple : la traditionnelle formule « *Veuillez agréer, Madame, Monsieur, mes salutations distinguées* », très courante, peut être utilisée sans retenue. Elle surprend souvent le public jeune, plus habitué à des formulations lapidaires voire basiques, mais une lettre de candidature n'est pas un mot amical envoyé à un proche. Il convient d'observer une certaine distance, une forme de déférence, sans devenir pour autant obséquieux. En ce sens, quand Bruno signe « *Cordialement* », il commet une faute de goût : on peut être cordial avec un ami, avec un proche, pas avec son futur employeur. Cette formule est largement utilisée dans bien des e-mails mais ce n'est pas une raison pour l'employer sans discernement.

SIGNATURE

Votre lettre doit impérativement être **signée à la main** (en bleu de préférence car cela renforce la perception qu'aura le lecteur : la signature est bien manuscrite). Insérer une signature digitalisée informatiquement serait un inacceptable manque de respect ; cela montrerait que vous n'êtes pas prêt à prendre votre stylo pour signer une lettre, ce qui ne représente pourtant pas un bien gros effort.

NOTES DE BAS DE PAGE

Pour qu'une lettre reste fluide et agréable à lire, il convient de ne pas la surcharger de considérations juridiques ou techniques. À cet égard, la longue litanie de sigles techniques de Jonathan est très mal venue : ces termes sont du ressort du CV, pas de la lettre.

Parfois, cependant, il faut préciser certains détails contractuels que le recruteur peut ignorer ; c'est par exemple utile aux jeunes qui recherchent un emploi en alternance. Bien des patrons de PME connaissent le principe de l'alternance mais peuvent en ignorer les conditions matérielles qui changent d'un centre de formation à l'autre. Nous conseillons alors de préciser ces éléments dans une note de bas de page[1] comme nous le faisons ici.
Pour cela, dans Word, utilisez la fonctionnalité *Références*, puis *Insérer une note de bas de page*.

LES TROIS TYPES DE LETTRES

Nous distinguerons 3 types de lettres :

- la **réponse à une offre d'emploi**, quelle qu'en soit la source : site web d'une entreprise, site d'offres d'emploi, journaux, Pôle emploi, APEC, etc. ;
- la **candidature spontanée**, qu'un candidat envoie à des entreprises qui n'ont manifesté aucune intention d'embaucher. C'est paradoxalement bien plus efficace ;
- la **lettre très incisive, presque intrusive**, qu'on peut apparenter à une **action commando**, qui s'envoie sans CV et joue le rôle d'une amorce publicitaire. Réservée à des candidats pointus qui ont un passé éloquent, elle est redoutablement efficace.

1. Présence en entreprise une semaine sur deux, pendant les deux années que dure le BTS. Salaire mensuel brut réduit à xxx euros la première année et xxx euros la seconde année.

▶ RÉPONSE À UNE OFFRE D'EMPLOI

Une entreprise fait connaître son désir d'embaucher un employé dont elle définit clairement le profil. Le nom de l'entreprise n'apparaît pas forcément dans l'offre d'emploi, surtout si cette dernière est relayée par un cabinet de recrutement ou par Pôle emploi. Cela ôte toute possibilité de personnaliser la lettre et c'est bien mieux ainsi.

Contenu

La lettre de candidature doit mentionner en objet la **référence** de l'offre, le **support** dans lequel elle a été relevée et la **date** à laquelle elle a été publiée. Si Céline et Jonathan le font plus ou moins bien, Annabelle n'en dit pas un mot, c'est une erreur.

Il est impératif de préciser dans l'objet, ou dans l'accroche, **l'intitulé exact du poste** tel qu'il apparaît dans l'offre d'emploi sans y changer un seul mot. C'est important : il nous est arrivé de passer deux offres le même jour pour recruter un « commercial partenaires » et un « commercial grands comptes ». Ce sont deux métiers qui nécessitent des compétences distinctes et des expériences professionnelles différentes. Nous recevions des candidatures pour le poste de « *Commercial* », sans autre précision, que nous ne savions où classer. C'est surprenant de la part d'un commercial, normalement très attentif aux réponses qu'il envoie à ses clients. Pareille maladresse suffit à plomber sa candidature.

Le corps de la lettre doit répondre aux critères de présentation et de lisibilité déjà évoqués.
De plus, il faut que le candidat montre qu'il répond bien aux attentes spécifiées par l'employeur dans son offre d'emploi. Cela veut dire que vous devrez mettre l'accent sur trois ou quatre des points qui sont peut-être mentionnés dans votre CV mais en utilisant une formulation différente, plus aguichante ou plus détaillée.

À cet égard, la lettre de Céline, dont nous avons détaillé les qualités un peu plus haut, est tout particulièrement efficace.

Modalités

Les réponses à des offres d'emploi s'envoient par courrier ou par e-mail en respectant les consignes de l'offre.

En cas d'envoi par e-mail, ce dernier doit être très minimaliste et ne rien dire du candidat. La lettre et le CV seront attachés en pièces jointes. En voici un exemple :

> **De :** Rose Trémière [rosetremiere@mymail.fr]
> **Envoyé :** mercredi 28 décembre 2016 23:45
> **À :** lucia.di-lammermoor@bluehammer.fr
> **Objet :** Offre Monster LSD25-THC83 du 28/12/2016
> **Pièces jointes :** Rose_Trémière CV.doc ; Rose_Trémière Lettre.doc
>
> Madame,
>
> Vous avez publié, ce jour, sur le site **Monster**, une offre d'emploi **LSD25-THC83**.Je vous prie de trouver, en pièces jointes, ma lettre de candidature et mon CV.
>
> Je vous en souhaite bonne réception et vous prie d'agréer, Madame, mes salutations distinguées.
>
> Rose Trémière - 06 15 24 33 42

C'est intentionnellement très sobre ; il ne faut pas courir le risque qu'une maladresse dans le corps du mail vienne annihiler les qualités de la lettre de candidature jointe.
Notez que l'e-mail a été envoyé le soir même de la parution de l'offre ; la réactivité est un atout très précieux pour le succès d'une candidature.

▶ LETTRE DE CANDIDATURE SPONTANÉE

Des statistiques INSEE et DARES montrent que les candidatures spontanées offrent de bien meilleures chances de succès que les réponses à des offres d'emploi. Encore faut-il bien s'entendre sur le terme « candidature spontanée »...

Définition

Beaucoup d'entreprises proposent sur leur site web une rubrique « *Carrières* », « *Nos offres* » ou « *Nous recrutons* », etc. Déposer une candidature sur un tel site n'est pas une candidature spontanée ; c'est une bouteille à la mer qui sera noyée au milieu d'un grand nombre d'autres candidatures !

C'est une méthode de recherche assez peu efficace mais qu'il ne faut pas exclure à condition qu'il soit possible de déposer un CV tout prêt. S'il faut remplir un formulaire préétabli, il vaut mieux renoncer car le résultat transmis au recruteur sera trop codifié pour être convaincant.

Une **vraie candidature spontanée** consiste à faire acte de candidature par courrier postal auprès d'entreprises qui n'ont publié aucune offre mais dont vous pensez qu'elles sont une cible pertinente pour le poste que vous visez.

Bien entendu, envoyer une ou deux candidatures de temps en temps ne sert à rien.
Vous devez envoyer **de 30 à 50 lettres chaque semaine** car la plupart iront tout droit à la poubelle. Mais on constate que sur le lot des entreprises démarchées, il s'en trouve statistiquement toujours une qui se montre intéressée. Au lieu d'être noyé au milieu de 30 à 40 autres concurrents comme c'est le cas des réponses à des offres, vous serez alors **seul en lice** ; quelle chance ! La plupart du temps, si l'entreprise est intéressée, elle fixe rapidement un rendez-vous et, si votre candidature est de qualité, la probabilité d'embauche est très grande, parfois même elle se concrétise dans la quinzaine.
La plupart des chercheurs d'emploi se refusent à cette méthode de recherche mais notre expérience en confirme l'efficacité ; **nous vous la recommandons très chaudement**.

Modalités

Nous recommandons tout particulièrement cette méthode aux seniors (plus de 45 ans) qui ont peu de chances de passer au travers des filtres de recruteurs dont certains éliminent sans états d'âme les candidats de plus de 40 ans et parfois même 35 ans (in « *Être chômeur aujourd'hui* », Bernard Legrand, L'Harmattan, 2012). Elle est également très efficace pour les postes à large spectre. Par exemple, toute entreprise de plus de 20 à 30 salariés peut avoir besoin d'une assistante de direction. Une candidate n'aura aucun mal à constituer un fichier de 80 à 100 entreprises et envoyer autant de lettres en très peu de temps et sans effort en utilisant la fonction de publipostage de son traitement de texte.
À cet effet, la lettre de Dimitri est émaillée de repères spéciaux appelés « *Champs* », comme « Civilité » « Contact » « CP » « Ville ». Ils n'ont pas été frappés manuellement au clavier par Dimitri mais placés par le logiciel de publipostage qui les remplacera automatiquement par les informations correspondantes provenant d'une feuille Excel préparée à l'avance. Faire 50 lettres ne demande pas plus de trois minutes !

En page 102, nous donnerons des conseils qui peuvent vous aider à trouver des entreprises cibles en quantité suffisante.

Nous vous conseillons d'envoyer ces lettres à des **responsables opérationnels** nommément identifiés comme un directeur de fabrication, un responsable de la communication ou un responsable Export. Si possible, évitez de les envoyer à la direction des ressources humaines.

N'envoyez jamais une candidature spontanée par e-mail, le risque serait trop grand qu'elle ne soit pas traitée le premier jour et soit rapidement reléguée au fin fond de la boîte de réception de la messagerie de l'entreprise. Envoyez-la **toujours par courrier**, sous enveloppe ; si elle n'est pas lue le jour même ou mise à la corbeille, elle restera sur le bureau du destinataire et sera immanquablement lue et traitée avec une meilleure attention qu'un e-mail.

Rédaction

Alors qu'une réponse à une offre d'emploi est un peu formatée puisqu'elle doit impérativement rappeler les termes de l'offre, la rédaction d'une candidature spontanée est plus libre. Elle doit être très **tonique**, très **incisive**, et l'**accroche** revêt une importance capitale. La lettre de Dimitri est un excellent exemple ; celle de Céline pourrait également, avec quelques retouches, devenir une candidature spontanée percutante.
Il est hors de question d'en personnaliser le texte, puisque l'impression des lettres sera faite automatiquement par la fonction « publipostage », en fonction de votre fichier de cibles ; elles seront alors toutes identiques.

▶ LETTRE D'ATTAQUE COMMANDO

Cette lettre reprend les modalités de la candidature spontanée, en plus incisive encore, et surtout, elle sera envoyée **sans CV**. Le contenu doit donc être tout spécialement convaincant. Bien entendu, elle est réservée à des personnes dont l'expérience professionnelle est de grande qualité et qui peuvent mettre en valeur quelques réalisations exceptionnelles.

Il faut que les destinataires de ce courrier se disent « *Je ne peux pas ignorer pareil personnage ; je dois le rencontrer, même si je n'ai rien à lui proposer* ». Autrement dit, **on renverse la hiérarchie** : la lettre laisse entendre au recruteur que c'est lui qui sortira enrichi de cette rencontre !

La rédaction d'une telle lettre prend du temps, parfois plusieurs semaines, parce que chaque terme doit être pesé et qu'il faut laisser reposer le texte quelques jours avant de le relire d'un œil neuf.
Pareille lettre ne peut pas concerner 100 entreprises ; on la destine tout au plus à une douzaine de décideurs très soigneusement ciblés, mais il n'est pas rare qu'elle suscite plusieurs rendez-vous. Notre record est de dix lettres envoyées qui ont débouché sur huit entretiens aux plus hauts sommets de la direction de très grandes entreprises internationales.
Cette attaque commando est souvent la bouée de sauvetage de seniors hautement qualifiés qui ont échoué par toutes les autres méthodes.

Il nous était impossible de publier une lettre authentique, même maquillée, mais en nous inspirant de certaines lettres que nous avons élaborées, nous avons inventé la lettre de Karen Debautet, très représentative ; vous la trouverez page suivante.
Pareille lettre ne doit surtout pas être accompagnée d'un CV : elle est faite pour créer un désir, un rêve, et la lecture d'un CV risquerait de ramener le lecteur à une réalité peut-être moins aguichante.

Conseiller

Avant d'envoyer pareille lettre, il est impératif que le candidat se soit très solidement préparé, avec vous, à soutenir des entretiens au cours desquels on ne lui fera aucun cadeau et où il n'aura d'autre issue que d'être convaincant.
Il vous appartiendra d'être intraitable lors de vos simulations d'entretien.

Vous trouverez des compléments utiles en page 150, en particulier le recours à des professionnels pour évaluer la pertinence de votre démarche.

Karen Debautet

Cité Radieuse - Appt. 654
280 Boulevard Michelet - 13008 Marseille

07 16 25 34 43
karen.debautet@gmail.com

Monsieur Martin S. Pearson
Groupe Poultry Ventures
33 rue Lafayette
79000 NIORT

Monsieur,

Spécialisée dans la création, le développement, et la restructuration de grands complexes commerciaux, j'ai à mon actif :

- Restructuration de l'Hyper-Impérial de Royan, et ouverture de Colmar
- Création des Market-Poles de Djakarta et Bali
- Ouverture du Silver Center de Bangalore, rénovation de celui de Bombay
- Avant-projet de la zone commerciale Proxima de Madras,

Votre groupe cherche à élargir son réseau. Vous avez la notoriété, et la force de frappe financière appropriées à un grand dessein ; j'ai le savoir-faire, et une connaissance approfondie du sous-continent Indien :

Seriez-vous prêt à créer un pôle de développement "Inde-Pacifique" ?

Je suis prête à rejoindre votre structure et vous faire bénéficier de mon expertise, pour être les premiers à prendre place sur les marchés que toutes les enseignes du monde tenteront d'investir avant cinq ans.

J'aimerais vous rencontrer afin de faire grandir ensemble ce projet.

Dans l'espoir que vous voudrez bien répondre favorablement à mon offre, je vous prie d'agréer, Monsieur, mes salutations distinguées.

Marseille, le 17 Janvier 2018

Karen Debautet

CIBLAGE ET DIFFUSION

La recherche de cibles auxquelles envoyer des candidatures prend un temps considérable, mais nul ne peut s'y soustraire. C'est évident pour les candidatures spontanées, qui doivent être très largement diffusées, ou les lettres d'attaque commando qui nécessitent une recherche moins large mais finement ciblée. Quant aux offres d'emploi, elles ne tombent pas du ciel, il faut aller les chercher là où les autres candidats ne vont pas chercher ; de ce fait, elles nécessitent également un effort très comparable.

Pour ces candidatures qui doivent être très largement diffusées, il faut impérativement constituer un fichier d'entreprises cibles qui servira à alimenter la fonction « publipostage » de votre traitement de texte. Ce même fichier vous servira ensuite à noter diverses informations, comme la date de l'envoi, celle d'une éventuelle réponse et autres éléments utiles au suivi efficace de vos candidatures.

Hélas, nombre de personnes peinent à trouver des cibles et à les organiser ; voici quelques conseils.

STRUCTURER UN FICHIER DE CIBLES

On peut constituer ce fichier au moyen du traitement de texte mais l'usage d'un tableur comme Excel offre bien plus de souplesse ; c'est cette option que nous retiendrons. Vous en trouverez un exemple page suivante ; voici les informations indispensables qu'il contient :

1	Sel	Case à cocher pour sélectionner les destinataires d'un envoi
2	Civilité	Monsieur, Madame, Docteur, Maître, etc.
3	Contact	Prénom et Nom de la personne (dans cet ordre)
4	Entreprise	Dénomination de l'entreprise, sans sa forme juridique
5	Adrs1	Adresse - ligne 1
6	Adrs2	Adresse - ligne 2
7	Adrs3	Adresse - ligne 3
8	CP	Code postal (il peut servir à des sélections)
9	Ville	Ville et cedex
10	NbE	Nombre d'employés (utile aux sélections)
11	Date_E	Date d'envoi

Vous pouvez ajouter ensuite des informations à votre convenance pour assurer un suivi aussi efficace que possible de vos candidatures (date de réponse, site web, téléphone...).

Exemple de fichier de cibles (feuille Excel)

Sel	Civilité	Contact	Entreprise	Adrs1	Adrs2	Adrs3	CP	Ville	NbE	Date_E
			Grunt Télécoms	ZAC du Rocher	20 rue de l'Ouest		25000	Besançon	6	
	Monsieur	André Narbadat	Gravelourd	Impasse Menterie	Bât. Jean Marais		18100	Vierzon	50	
	Madame	Beaufils	Alamarmit	356 RN 74	La Commanderie		17600	Saujon		
x			Evercold Climatisation	67 ave de la République			77100	Meaux	3	
	Monsieur	Robert Muda	Couche-Tard Market	100 rue Bicon			14000	Caen		28/01/18
	Monsieur	Paul Hochon	Informidable	23 rue Ordener			75010	Paris		
	Monsieur	K. Hyman	Croco-Deal	Z.I. Est	8 rue Ali Ghator	BP 951	14041	Mondeville Cedex	30	05/08/18
			Gifts Cash & Carry	ZAC Surcouf	Bât. Goelette	CS 30019	35400	Saint-Malo	180	
			Soudo-Clim	42 rue Mistral	BP 14		84317	Cavaillon Cedex 2		
x			Chaud & Froid	1 rue Duvergier			75019	Paris	12	
	Madame	Sélénitte	Algochimex	Bât. Sigmund Freud	Z.I. Surmoy		59810	Lesquin		22/12/17
	Monsieur	Roger Rabbit	NRA Nord-Picardie	Villa Plein Sud	Rue de l'Est		59290	Wasquehal		
	Maître	Karanthe	Maisons Kikroule	Place de l'Hôtel de Ville			59810	Lesquin	40	14/10/17
	Monsieur	de Valombreuse	Krapul & Arnaak France	3 Bld.du Marché aux Ânes			60590	Grapillons-les-Euros		
x	Monsieur	Cenjaine	Blue Hammer	7 Place Mogador			75001	Marseille	20	
			Brou Télécom	44 rue du Flamand Rosse			5800	Nevers		28/01/18
x			Salmon & Pilchard	Venelle au Chat			50400	Granville	250	
x			Horizons	266 ave. Daumesnil	BP 321		75012	Paris		
x	Madame	Soleil	Rumweiss Consultants	74-80 rue Roque de Fillol			92800	Puteaux	80	
	Madame	Rose Pistache	Le Sorbet Minute	9 rue du Mont Blanc	Bât. Chat Monique	BP 5243	75003	Paris	120	

Il est préférable de prévoir trois lignes pour l'adresse car ce sera parfois nécessaire, comme pour l'entreprise Croco-Deal dans la lettre de Céline.

Dans la première colonne, 6 cibles ont été sélectionnées pour un envoi de candidatures. Notez que, pour certaines d'entre elles, on ne dispose pas d'un nom précis auquel envoyer le courrier. Enfin, la dernière colonne garde la mémoire des derniers envois effectués.

▶ ALIMENTER LE FICHIER

Pour trouver des entreprises cibles, rien ne vaut Internet... avec quelques réserves.

Vous pouvez acheter des fichiers proposés par diverses sociétés mais outre le fait qu'ils sont onéreux, leur contenu est le plus souvent de très piètre qualité ; vous passeriez un temps considérable à en remettre le contenu en forme. C'est un choix que nous vous déconseillons. Vous obtiendrez de meilleurs résultats avec des sites institutionnels :

- certaines villes ou communautés d'agglomérations offrent des fichiers d'entreprises librement consultables souvent d'excellente qualité ;
- les Chambres de commerce et d'industrie ont aussi des fichiers très fournis ;
- quelques sites comme *Pagesjaunes.fr*, *118000.fr*, ou *fr.kompass.com* sont très complets ; il en existe bien d'autres ;
- enfin, en inscrivant « *Entreprises* » suivi d'un nom de ville dans un moteur de recherche comme Google, Yahoo ou Bing, vous obtiendrez des informations toujours utiles.

Vous pouvez même cibler directement un secteur économique précis en tapant, par exemple « *Import-Export Besançon* » ou « *Aide à domicile Poitiers* ». Ici encore, la règle est de ne jamais payer pour ce qu'on peut obtenir gratuitement.

Filtrage

Les sites les plus intéressants sont ceux qui comportent des **filtres permettant de faire des sélections** par tailles d'entreprises (important), par secteur géographique ou par secteur d'activité. Mais ces secteurs d'activité, souvent issus d'une classification administrative (type INSEE), sont très éloignés de ce dont un chercheur d'emploi a besoin.

Privilégiez les sites qui permettent une recherche par **mots-clés**.

Comme dans toute recherche par mots-clés, une expression trop précise risque de ne donner aucune réponse et une expression trop générale risque d'en donner trop. Le chaudronnier-métallier qui cherche « *Chaudronnerie-Métallerie* » risque de ne rien trouver ; s'il cherche « *Chaudronnerie* », il rate les entreprises de métallerie ; s'il cherche « *Métaux* », il obtiendra des réponses inappropriées comme la vente de métaux précieux. Il faut trouver un juste milieu.

Les sites de certains organismes ne permettent d'appliquer qu'un seul jeu de filtres à la fois ; pour appliquer un filtrage un peu différent, il faut réintroduire tous les filtres un à un ; c'est lassant.

Extraction

Ayant trouvé une liste d'entreprises correspondant à votre cible, vous devrez en recopier le contenu dans votre fichier de cibles. Faire un copié/collé pour chacune des informations fournies pour chaque entreprise est très fastidieux, privilégiez alors les sites qui permettent de récupérer directement le résultat de la sélection dans une feuille Excel ; c'est un gain de temps considérable.

Acceptez de perdre une journée entière pour procéder à des essais, choisir les fichiers qui donnent les résultats les plus exploitables, puis en extraire toutes les cibles intéressantes.

En résumé, privilégiez les sites internet :

- qui offrent des possibilités de filtrage par mots-clés, activité, effectifs, département ;
- qui gardent en mémoire la dernière sélection pour pouvoir modifier aisément le jeu de filtres ;
- qui permettent une extraction sous forme de feuille Excel.

ET ENCORE...

Aux listes d'entreprises trouvées sur Internet, vous pourrez en ajouter de nombreuses autres, à commencer par celles qui ont publié une offre d'emploi voici 4 à 6 mois. Les personnes qu'elles ont embauchées à l'époque n'ont peut-être pas été titularisées au terme de leur période d'essai... l'employeur sera peut-être ravi de recevoir votre candidature spontanée au bon moment.

Pour la même raison, vous pouvez à nouveau envoyer une lettre aux entreprises auprès desquelles vous aviez candidaté il y a 6 mois ; elles vous ont oublié entre-temps.

Enfin, dans une candidature spontanée, il est parfois difficile d'obtenir le nom du responsable opérationnel auquel il serait judicieux d'écrire ; voici deux méthodes qui peuvent vous aider :

- au fil des semaines, notez les coordonnées de recruteurs qui ont publié des offres d'emploi sans aucun rapport avec le métier que vous recherchez. Vous recueillerez ainsi des noms et des adresses que vous pourrez inclure dans votre fichier de cibles et utiliser ultérieurement pour vos envois de candidatures ;
- les sites web de certaines entreprises importantes proposent parfois une rubrique qui présente les actualités relatives à leur développement, sous l'intitulé « *Actualité* », « *Communiqués de presse* », « *Point presse* », « *Nos équipes* », etc.

Avec un peu de chance, vous y trouverez des informations intéressantes : « *Le 28 janvier dernier, notre Président, Simon Cussonnet, accompagné de Leyla Épazailleur, Directrice de la Production, ont inauguré la nouvelle ligne de montage robotisée de La Fare-les-Oliviers* », etc.
Si votre emploi touche aux métiers de la production, vous saurez que vous pouvez candidater directement auprès de Madame Épazailleur.
Pareilles recherches requièrent beaucoup de temps mais portent leurs fruits !

Tout comme nous vous avions proposé des versions bonifiées de quelques CV, nous avons revisité les lettres très malhabiles d'Annabelle et Jonathan pour en faire les versions bonifiées, bien plus crédibles, que vous trouverez ci-après.

Annabelle Decadisse

8 boulevard Andunil - 75010 Paris

+33 (0)**6 12 34 56 78**

anna2k10@euromail.com

Monsieur Paul Hochon
Informidable
23, rue Ordener
75010 PARIS

Candidature au poste de **Consultant MOA**

Monsieur,

Ma double compétence technique et managériale acquise à l'INT, et un Mastère en Bases de Données et Progiciels me donnent les connaissances et méthodes d'analyse appropriées au poste de **Consultant Maîtrise d'Ouvrage** (référence CLT-101174) que vous avez publié sur votre site.

Ayant créé et codirigé Popup-Web, une SARL d'audits de sites Internet, j'ai acquis une solide expérience du **management** et de la **gestion de projets**.

J'aime entreprendre, construire et m'impliquer dans des projets d'envergure, comme la refonte du système Gestion-Information-Management de StarWay AG, en Allemagne.
J'en retire en outre une irremplaçable expérience du travail d'équipe en environnement international.

Je me tiens à votre disposition pour une entrevue à votre convenance ; je serais heureuse de vous présenter plus avant mon parcours, mes expériences et mon projet professionnel.

Dans l'attente de votre réponse, je vous prie de bien vouloir croire, Monsieur, à mes respectueuses salutations.

Paris, le 2 décembre 2016

Annabelle Decadisse

Jonathan Loreille

6-ter Avenue Tavéparti
60500 Chantilly

06 05 04 03 02
jonathan_loreille@tiscali.fr

Madame Rose Pistache
Le Sorbet Minute SARL
9, rue du Mont Blanc
75003 PARIS

Réf : Offre Monster **LL-060329-BL**
Administrateur réseau

Madame,

Aux solides compétences en **Systèmes** et **Réseaux** que vous êtes en droit d'attendre, j'ajoute une pratique régulière des **Bases de données** SQL Server, Access et MySQL.

J'ai pu mettre en œuvre toutes ces compétences en qualité de **support aux utilisateurs** et également comme **administrateur réseaux**.

J'apprécie particulièrement cette mission d'aide et de conseil auprès des clients et utilisateurs, qui requiert une grande rapidité d'adaptation, la capacité à travailler en équipe pluridisciplinaire, et un sens affirmé du service.

Je suis certain de trouver au sein de votre groupe un cadre propre à progresser et étendre la palette de mes savoir-faire.

C'est avec plaisir que je me libèrerai pour vous rencontrer, aux jours et heures qu'il vous plaira de fixer.

Dans cette attente, je vous prie d'agréer, Madame, mes salutations distinguées.

Chantilly, le 21 Mars 2018

Jonathan Loreille

P.J. : Mon CV

4

Réussir son entretien d'embauche

... quelques minutes pour convaincre

- **Les multiples contextes de recrutement** p. 109
  - Chacun sa manière
  - Tous les recruteurs sont différents
- **Étape 1 : réussissez votre prise de rendez-vous** p. 111
  - Pourquoi vous préparer ?
  - Faites de votre répondeur un allié
  - Ne soyez jamais pris au dépourvu
  - Réussissez votre prise de RDV
  - Que faire si vous étiez absent ?
- **Étape 2 : préparez-vous aux entretiens** p. 114
  - Travail impératif : préparation « œuf à la coque »
  - Apprenez à faire face à toutes les questions
  - Travail recommandé : la simulation d'entretien
  - Lors de l'entretien
  - Séances suivantes
  - Première séance
  - Conditions de travail
- **Étape 3 : préparez votre prochain rendez-vous** p. 119
  - Anticipez longtemps à l'avance
  - Juste avant de partir en entretien
  - À votre arrivée dans une entreprise
  - Au début de l'entretien
  - Comment convient-il de vous installer ?
  - Présentation et attitude
  - Contrôle de la situation
  - Quatre choses à noter en sortant
- **C'est encore long ?** p. 128
  - Vient l'heure des choix
  - Ménager les personnes, c'est ménager l'avenir
- **Progresser avec l'aide d'un conseiller** p. 130

Vos efforts sont enfin récompensés : un employeur intéressé par votre candidature s'apprête à vous appeler pour convenir d'un rendez-vous ! Rien n'est joué pour autant car ce simple appel requiert autant de préparation que les précédentes étapes de votre recherche d'emploi.

En effet, notre métier de conseillers nous amène à faire le constat alarmant suivant : les candidats, dans leur grande majorité, dépensent beaucoup d'énergie pour préparer leur candidature puis chercher un employeur, mais quand vient l'heure d'un entretien :

- 95 % d'entre eux sont pris au dépourvu car ils n'ont rien préparé, absolument rien ;
- ils ne savent pas répondre de manière attractive à l'appel téléphonique du recruteur ;
- ils ne sauront pas plus quoi dire lors de l'entretien qui va suivre.

Le fol espoir créé par cette convocation se transforme en amère désillusion : faute de préparation, maints candidats ratent l'entretien de leurs rêves ! Plus surprenant encore, cela ne leur sert pas de leçon : ils ne se préparent pas mieux pour les entretiens suivants et enchaînent les échecs.

Pour éviter cela, nous allons, en trois étapes, vous fournir les éléments utiles à votre préparation :

- réussissez votre **prise de rendez-vous** ;
- préparez-vous aux entretiens afin de **savoir quoi dire et comment le dire** ;
- préparez votre prochain rendez-vous en gérant le moindre détail.

Nombre de nos conseils relèvent du simple bon sens et vous aurez sans doute le sentiment que nous enfonçons beaucoup de portes ouvertes. Mais est-il, par exemple, vraiment superflu de vous recommander de vous munir d'un cahier ou d'un bloc-notes pour aller à un entretien ?

Exemple

Lors d'un entretien, nous avons déjà vu un candidat sortir de sa poche un papier bouchonné, sans doute une publicité ramassée sous l'essuie-glace de sa voiture, le défroisser de sa main et noter quelques mots au verso, donnant ainsi l'image d'une personne incapable de se préparer sérieusement à un entretien pourtant très prévisible ! Pareille négligence disqualifie le candidat.

Pour qui cherche un emploi, **aucun détail n'est anodin**. Nous avons dressé pour vous un catalogue de nombreux points de vigilance. Examinez-les **tous**, un à un, en détail.

Conseiller

Persuader un candidat de se préparer est presque impossible tant qu'au plus profond de lui-même il n'en ressent pas la nécessité. Alors ne vous contentez pas d'agiter une petite sonnette d'alarme, faites tonner le canon !

Or, ce qui vous semble évident comme professionnel de l'accompagnement est parfois totalement étranger au système de pensée des candidats. Alors demandez à votre candidat de se présenter brièvement et enregistrez la scène ; il sera souvent surpris de voir à quel point il est peu convaincant. Cela peut servir de déclencheur et l'inciter à entamer avec vous une préparation efficace.

Mais avant d'entrer dans le vif de votre préparation, découvrons ensemble qui sont les recruteurs et comment il leur arrive de procéder afin de mieux adapter votre conduite et votre discours.

LES MULTIPLES CONTEXTES DE RECRUTEMENT

Il n'y a pas deux entretiens qui se déroulent de la même manière mais, même si vous n'avez aucune expérience de ces situations, disons-le tout de suite : les recruteurs ne sont pas des sadiques assoiffés de sang et la plupart des entretiens se déroulent bien et de manière courtoise. Détendez-vous !
Cependant, en raison de circonstances que vous ne maîtrisez pas, il se peut que l'entretien ne se déroule pas au mieux de vos espoirs. Voici quelques éclairages sur ce que vous risquez de rencontrer.

CHACUN SA MANIÈRE

On ne recrute pas de la même manière, ni avec les mêmes critères, un conducteur d'engins de terrassement, une esthéticienne, une économiste ou le créatif d'une agence de communication. La cravate qui s'impose à Paris risque de sembler incongrue à Arles en plein été. Les attentes diffèrent d'une branche professionnelle à l'autre et l'ambiance d'un grand groupe de conseil international est tout autre que celle d'une start-up du web. Aucun conseil général ne saurait donc prévaloir.
Il vous faudra sentir, deviner, imaginer ce que sont les attentes de telle ou telle entreprise. Si vous connaissez une personne qui travaille dans l'entreprise

où vous avez rendez-vous, essayez d'en obtenir des informations sur la meilleure manière de vous présenter.

Conseiller

Vous connaissez votre bassin d'emploi, les us et coutumes locaux et les habitudes en vigueur dans certaines entreprises ; vos conseils seront précieux, mais ne seront peut-être pas immédiatement entendus. Insistez, bataillez, soyez convaincant !

Sentez-vous légitime à parler également de sujets plus délicats à aborder : la coiffure, les piercings, la tenue vestimentaire, la posture en entretien et l'hygiène corporelle.

▶ TOUS LES RECRUTEURS SONT DIFFÉRENTS

Ayez conscience de l'immense diversité des personnes que vous pourrez rencontrer lors d'un entretien car certaines situations pourraient vous dérouter.

Certes, il y a une majorité de professionnels aguerris : responsables des ressources humaines, chargés de recrutement ou responsables opérationnels d'un département, d'une unité de production, d'une PME ou PMI. Ils ont déjà pratiqué de nombreux recrutements et connaissent, ou croient connaître, la manière de conduire un entretien. Même si certains ont de petites manies, se piquent de psychologie, de programmation neurolinguistique (PNL), voire de numérologie, entre les mains de ces professionnels, vous aurez toutes les chances d'être comparé de manière cohérente aux autres candidats et évalué avec pertinence à l'aune des attentes de l'entreprise. Mais tel n'est pas toujours le cas !

Juste avant de recevoir un candidat, il peut arriver que le recruteur doive s'absenter pour une raison impérieuse. Alors il délègue la conduite de cet entretien à un collègue, qui ne connaît peut-être ni les raisons de ce recrutement, ni le poste à pourvoir ; même en faisant de son mieux, il ne sera pas un très bon interlocuteur. Il peut même arriver que ce remplaçant n'ait jamais conduit le moindre entretien et ses hésitations, le flou de ses questions ou de ses réponses, peuvent sérieusement vous déstabiliser. Pire encore, il arrive qu'un recruteur se sente mal à l'aise face à un candidat plus diplômé que lui, ou plus reconnu dans sa branche professionnelle. Cela engendre parfois des situations surréalistes où le recruteur, incapable de dissimuler son malaise, peut fuir votre regard, faire mine de ranger ses placards ou devienne soudain verbalement agressif.

Pour rares qu'elles soient, toutes ces situations se rencontrent bel et bien. Il nous semble important que nous en évoquions l'éventualité maintenant. Mais que cela n'ajoute rien à votre stress bien naturel, le message est toujours le même : gardez votre sang-froid, et soyez jusqu'au bout inébranlable.
À présent, passons en revue les trois étapes de votre préparation

ÉTAPE 1 : RÉUSSISSEZ VOTRE PRISE DE RENDEZ-VOUS

Bien des chercheurs d'emploi perdent toutes leurs chances avant même d'avoir rencontré le recruteur parce qu'ils n'ont pas su préparer le premier contact téléphonique. Il existe pourtant des parades aisées à mettre en œuvre ; persuadez-vous bien de leur importance.

Préparez-vous en suivant les conseils qui suivent.

POURQUOI VOUS PRÉPARER ?

Tout commence dès le premier appel téléphonique d'un recruteur qui souhaite vous rencontrer. Ce premier contact peut vous mettre en valeur ou, au contraire, tourner à la catastrophe si jamais ce recruteur a le sentiment d'avoir affaire à un candidat fantaisiste, peu enthousiaste, mal organisé, etc.

Une préparation en trois étapes s'impose et ne vous demandera que peu de temps :

- veillez à la pertinence de votre répondeur de messagerie téléphonique ;
- faites en sorte de ne jamais être pris au dépourvu par un appel ;
- réussissez votre prise de rendez-vous.

FAITES DE VOTRE RÉPONDEUR UN ALLIÉ

Si un recruteur appelle en votre absence, il va tomber sur le répondeur de votre messagerie. Faites en sorte que votre message donne de vous une image positive et **professionnelle** ; voici comment :

- pas de musique d'attente, ni de fond musical. Le recruteur ne vous appelle pas pour entendre le dernier tube à la mode ; il risque de raccrocher avant la fin !
- pas de message fantaisiste ni de plaisanterie douteuse ; le recruteur n'est pas un copain, il veut recruter un collaborateur sérieux. Restez professionnel ;

- votre messagerie de répondeur doit impérativement mentionner clairement votre **prénom** et votre **nom** ; dans cet ordre car on ne dit pas « *Hugo Victor* » mais « *Victor Hugo* » ;
- ne dites pas « *Vous êtes bien au 06 64 17...* » ; dites plutôt « *Vous êtes sur la boîte vocale de Marc Latanche* » ; votre correspondant saura s'il est en contact avec la bonne personne ;
- votre message doit être tonique ; « souriez » au téléphone comme si vous vous prépariez à un rendez-vous amoureux ; sachez séduire l'entreprise que vous convoitez ;
- une fois votre message enregistré, appelez-vous depuis un autre téléphone pour vérifier que votre message est clairement audible. Si ce n'est pas le cas enregistrez-le à nouveau ;
- consultez votre boîte vocale tous les jours et répondez dès que vous le pouvez depuis un endroit calme ;
- de même, consultez votre boîte mail et **répondez le jour même** ; pas une semaine après ;
- enfin, si votre CV stipule que vous avez une bonne pratique d'une langue étrangère, vous pouvez enchaîner rapidement deux messages, dans chacune des deux langues, comme ceci :
  Vous êtes bien sur la boîte vocale de Hailie Gould ; laissez-moi un message, je vous rappellerai au plus vite. Hi, you reached Hailie Gould voice mail; please leave a message, I'll call you shortly.

Ceci confortera votre CV et vous positionnera avantageusement pour l'entretien.

Attention : avec pareil message, il est probable qu'un recruteur vous parle immédiatement en anglais sans préambule ; serez-vous capable de soutenir sa conversation ?

▶ NE SOYEZ JAMAIS PRIS AU DÉPOURVU

Lorsque le recruteur appelle, il faut qu'il soit accueilli de manière appropriée :

- si l'appel arrive sur le téléphone de votre domicile, ce n'est peut-être pas vous qui décrocherez. Veillez à ce que tous vos proches répondent de manière **courtoise et chaleureuse**.
  Demandez-leur de noter scrupuleusement le nom de l'appelant et le numéro qu'il faudra rappeler, quitte à **faire répéter** le correspondant. Un numéro mal noté est un rendez-vous perdu !

- si l'appel vous parvient dans des circonstances peu favorables, dans un commerce, au volant ou sur votre lieu de travail, réfléchissez dès maintenant à ce que vous répondrez. Vous pourrez, par exemple, demander à votre correspondant de bien vouloir patienter le temps de trouver un lieu plus favorable (bureau isolé, couloir, extérieur, etc.) ou noter son numéro et dire que vous le rappellerez très vite d'un endroit plus propice.

RÉUSSISSEZ VOTRE PRISE DE RENDEZ-VOUS

Pour le recruteur, cet entretien téléphonique a pour but de s'assurer que le poste vous intéresse toujours et de fixer un rendez-vous. Peut-être voudra-t-il aussi se faire confirmer certains détails : sachez lui répondre de manière **claire**, **concise**, **précise** sans digressions inutiles.

Exemple

Quand vous demandez à un invité s'il désire du sucre dans son café, vous attendez qu'il vous réponde « Oui, avec plaisir » ou « Non, je vous remercie ».

Vous n'avez aucune envie qu'il explique : « Ah, non, voyez-vous cela fait dix ans que je ne prends plus de sucre parce que mon cousin de Carpentras, celui qui a épousé une coiffeuse, eh bien, il est devenu diabétique, et il doit désormais se faire des piqûres d'insuline plusieurs fois par jour. Tandis que moi… etc. ».

Si vous êtes adepte de ce genre de flux de paroles inutiles, dites adieu à vos espoirs d'embauche.

En dehors des éléments factuels liés à la prise de rendez-vous, **évitez toute discussion de fond**, n'argumentez pas, n'entrez dans aucun détail, ne vantez pas vos qualités, ne décrivez pas votre dernière mission, **ce n'est pas le moment** : tout cela fera partie de l'entretien en tête à tête.

De manière générale, dans cet entretien préliminaire, moins vous parlerez, moins vous risquerez de dire quoi que ce soit qui puisse vous desservir.

Faites-vous bien préciser le lieu du rendez-vous qui peut être différent de l'adresse à laquelle vous aviez écrit. Faites préciser le nom de la personne qui doit vous recevoir.

▶ QUE FAIRE SI VOUS ÉTIEZ ABSENT ?

Votre correspondant n'a pas pu vous joindre mais vous a laissé un message oral ou écrit pour fixer un rendez-vous précis ? **Vous devez lui répondre par écrit** (e-mail ou SMS) et lui confirmer que vous viendrez bien au jour et à l'heure dits. Ne pas le faire serait un manque de savoir-vivre.

ÉTAPE 2 : PRÉPAREZ-VOUS AUX ENTRETIENS

Nous avons déjà dit que rares sont les candidats qui se préparent à l'entretien d'embauche avec des conséquences souvent catastrophiques. C'est pourtant lors de cet entretien que vous pouvez vous démarquer des autres candidats et emporter une décision favorable. Souvenez-vous de ceci :

Un recruteur n'embauche pas un CV : il embauche une personne ; une personne qu'il va peut-être côtoyer pendant plusieurs années ! Alors sachez être convaincant lors de l'entretien. Cela se prépare.

Ce n'est pas la veille d'un entretien qu'il faut vous préparer, c'est bien avant pendant que vous rédigez votre CV. Faites en sorte d'anticiper cette préparation autant qu'il vous est possible.
Nous vous proposons trois modes de préparation complémentaires les uns des autres, en nous efforçant d'en clarifier les avantages, les contraintes et les limites :

- préparation dite « œuf à la coque » ; c'est une **étape obligatoire** de votre parcours ;
- simulation d'entretien, nécessitant l'aide de votre conseiller ;
- entraînement à l'improvisation pour répondre à toutes les questions possibles.
  Ceci se fait en groupe, sous la conduite d'un animateur ; voyez si cela vous est possible.

Dans tous les cas, c'est dans un CV clair et bien structuré que vous pouvez puiser les éléments importants de votre discours. La rédaction d'un bon CV ne suffit pas mais elle vous aidera à clarifier, organiser et valoriser vos idées.

▶ TRAVAIL IMPÉRATIF : PRÉPARATION « ŒUF À LA COQUE »

Lors d'un entretien de recrutement, il est d'usage que le recruteur décrive rapidement son entreprise ou son service, puis le poste à pourvoir et ce qu'il attend de la nouvelle recrue. Vient ensuite le moment où il vous donne la parole : « *J'ai lu votre CV avec intérêt ; pouvez-vous m'en dire plus sur votre parcours ?* »
À cet instant précis, il est hors de question de balbutier quelques paroles mal ficelées et de vous taire au bout de 30 secondes ; si vous ratez votre entrée, ce n'est pas rattrapable ! Vous lancer dans un discours interminable n'est pas mieux. Le record auquel nous ayons assisté fut un monologue de 40 minutes !

Ainsi, tout heureux d'avoir passé la première sélection (CV et lettre), trop de candidats échouent faute de s'être préparés à se présenter. Pourtant, même à la 100e représentation d'une pièce qu'ils connaissent par cœur, les acteurs de théâtre les plus chevronnés arrivent en avance et répètent leur texte, ne serait-ce que pour oublier le contexte extérieur, les joies et les tracas quotidiens et entrer dans la peau de leur personnage.

> **C'est votre avenir qui se joue et Vous en êtes l'unique acteur**.
> Alors, préparez-vous comme un acteur ; faites cet investissement très profitable.

À présent, voici comment mener cette préparation.

▶ CONDITIONS DE TRAVAIL

Munissez-vous, autant que possible, d'un sablier dont on se sert pour cuire les œufs à la coque en 3 minutes. Il est plus facile d'observer un sablier du coin de l'œil qu'une montre. Faute de sablier, utilisez la fonction chronomètre de votre smartphone.

Ensuite, **isolez-vous** dans une pièce. Nul ne peut effectuer cet exercice devant un tiers quel qu'il soit, même un conjoint, un parent ou un proche : vous devez **impérativement être seul**.
La préparation consiste à vous présenter **à haute voix** (c'est très important) **en 3 minutes** environ, le temps requis pour cuire un œuf à la coque (d'où le nom de cette méthode !).

PREMIÈRE SÉANCE

Pour la toute première fois, vous pouvez vous aider de quelques notes manuscrites.
Nous disons bien des notes, juste un pense-bête, quelques **mots-clés** comme fait un animateur de télévision mais surtout **pas un texte bien rédigé** que vous seriez tenté de lire. Les fois suivantes, vous devrez impérativement travailler **sans notes**.

Ne commencez pas votre présentation en rappelant votre nom et vos diplômes puisque le recruteur aura votre CV sous les yeux. Le but est de résumer les points marquants de votre parcours et de tracer les grandes lignes de vos objectifs professionnels immédiats.

Répétez trois à quatre fois cette présentation de manière à éviter les bafouillages.

Si vous le pouvez, enregistrez-vous sur un dictaphone ou un smartphone de manière à pouvoir vous réécouter et prendre conscience de vos hésitations et maladresses diverses. Mais, à ce stade, il est inutile de vous filmer.
Cette première séance est généralement décevante et ressemble à ce que ferait un élève récitant une leçon en classe : cela manque de naturel, de spontanéité ; ce n'est **absolument pas convaincant**. N'ayez aucune inquiétude, **c'est normal** ; l'aisance ne viendra que progressivement, au fil des jours.

SÉANCES SUIVANTES

Vous devez répéter cette opération tous les jours pendant au moins une semaine mais, cette fois, **sans aucun guide ni aucune note manuscrite**.
Un phénomène va alors se produire spontanément : certains détails mineurs vont disparaître de votre discours, tandis que d'autres viendront l'enrichir comme un exemple de travail que vous avez particulièrement bien mené et qui vous met en valeur. Votre présentation va progressivement changer et devenir plus riche.
En d'autres termes, votre discours va devenir fluide, **vivant**, il va **acquérir de l'âme** et c'est ce qu'on attend de vous : un recruteur n'embauche pas un CV, il embauche une **personne** et veut savoir ce qu'elle est au plus profond d'elle-même.
Vous sentirez par vous-même quand seront obtenues cette fluidité et cette spontanéité.

CONSEIL

La veille de chaque entretien, répétez une dernière fois votre présentation.

Une fois que cette présentation sera bien fluide, **entretenez** votre aisance en répétant l'opération **une fois par semaine**, sinon l'habitude s'étiolera vite et vous en perdrez tous les avantages.

LORS DE L'ENTRETIEN

Le jour de l'entretien, il est presque certain que vous ne direz rien de ce que vous aviez préparé !

Pas de panique, c'est normal car dans ce nouveau contexte, face à un interlocuteur, vous allez spontanément infléchir votre discours... c'était bien le but de cette préparation !

Si vous oubliez de dire telle ou telle chose que vous aviez préparée, ne cherchez surtout pas à vous rattraper aux branches pour l'introduire de force : cela semblerait artificiel. Laissez votre discours filer comme il vient, il n'en sera que meilleur. Si vous y tenez, l'entretien n'étant pas terminé, vous pourrez replacer ce que vous aviez omis de dire, mais plus tard, au fil de la conversation, au moment où vous sentirez que c'est judicieux.

Une fois que vous avez déroulé votre présentation, taisez-vous ! Ne cherchez pas à rajouter quoi que ce soit ; attendez que le recruteur reprenne la parole et vous interroge ; c'est à lui de piloter la discussion.

Maintenant, commencez votre préparation.

Toutes les personnes qui ont fait cette préparation assidûment en ont constaté l'efficacité.

Conseiller

Comme conseiller, vous devrez persuader vos candidats de faire cet exercice, mais beaucoup s'y refusent ; sachez trouver les mots. Puis faites régulièrement le point sur leurs progrès en les invitant à se présenter lors de chacune de vos rencontres.

Cela ne vous prendra chaque fois que 3 minutes... juste le temps de cuire un œuf à la coque !

▶ TRAVAIL RECOMMANDÉ : LA SIMULATION D'ENTRETIEN

La simulation d'entretien vous met face à une personne qui joue le rôle de recruteur. Cette personne peut être un conseiller habitué à la démarche d'accompagnement ou, mieux encore, un tiers choisi en raison de sa connaissance de votre métier.
Une simulation d'entretien permet de mettre en évidence les multiples facettes sur lesquelles vous devrez travailler pour améliorer votre prestation : comportement, gestuelle, capacité d'écoute, réactivité au dialogue, élocution et, bien entendu, clarté et pertinence de votre discours.
Mais si vous ne vous êtes pas préparé à prendre la parole, pareille simulation ne sera d'aucune efficacité, c'est pourquoi nous insistons fortement sur la nécessité de passer d'abord par l'étape « œuf à la coque » avant de demander à faire une simulation.

Conseiller

Une simulation d'entretien doit être menée et commentée par un conseiller, de préférence accompagné d'un assistant qui jouera le rôle de recruteur.
Vous trouverez page 168 toutes les indications pour mener à bien de telles simulations, aussi bien de manière individuelle qu'en groupe.

▶ ENFIN... APPRENEZ À FAIRE FACE À TOUTES LES QUESTIONS

Bien des candidats s'inquiètent des questions auxquelles ils risquent d'avoir à répondre lors d'un entretien. Obsédés par des questions pièges aussi classiques que dépourvues de sens, colportées par le bouche-à-oreille, ils développent un stress contre-productif.
Ne tentez pas de chercher des réponses aux innombrables questions proposées dans des livres ou sur Internet : cela ne marche pas. En effet, installé confortablement chez vous, il vous semblera très facile de répondre mentalement aux questions posées. Grave illusion ! Répondre du tac au tac avec pertinence lors d'un vrai entretien, en état de stress face à un recruteur exigeant, est une chose bien plus difficile qui demande une bonne réactivité et une bonne **capacité d'improvisation**.
Nous vous suggérerons plus loin un entraînement à l'improvisation qui a fait ses preuves mais qui se fait en groupe sous la conduite d'un conseiller. Si vous êtes suivi et épaulé par une structure d'accompagnement capable de réunir un tel groupe (Mission locale, Pôle emploi, APEC...), voyez avec votre conseiller s'il est possible d'organiser un tel atelier.

Conseiller

Les ateliers d'improvisation se pratiquent uniquement en groupe sous la conduite du conseiller. C'est une méthode que nous avons utilisée de très nombreuses fois dans des conditions très variées ; elle donne des résultats extrêmement probants.
Vous trouverez page 171 toutes les indications utiles à la conduite de ces ateliers.

ÉTAPE 3 : PRÉPAREZ VOTRE PROCHAIN RENDEZ-VOUS

Vous vous êtes scrupuleusement préparé à vous présenter sous votre meilleur jour, à répondre avec aisance à la plupart des questions, vous avez acquis une bonne capacité à improviser lorsque c'est nécessaire et à maîtriser votre stress.
Mais, même parfaitement préparé, vous ne serez jamais à l'abri d'un impondérable qui peut profondément affecter l'entretien. Sachez vous préparer à ces circonstances imprévisibles.

Se préparer à l'imprévu n'est-ce pas simplement antinomique ? Pas du tout, vous pouvez très efficacement vous préparer :

- à anticiper, longtemps à l'avance, certaines situations qui surviendront immanquablement ;
- à ne pas tomber dans les chausse-trappes cent fois vécues ;
- à réagir rapidement et de manière appropriée pour contrebalancer un coup du sort.

Voici, dès à présent, un ensemble de recommandations sur lesquelles nous attirons votre attention.

Vous n'aurez jamais une seconde occasion de faire bonne impression ! Vous devez réussir votre prestation du premier coup. Par conséquent, il n'y a pas de détail mineur, tout est important !
Un entretien de recrutement n'est jamais une partie de plaisir et le stress peut vous envahir et diminuer vos chances de succès. Mettez tous les atouts de votre côté et faites en sorte de limiter les sources de stress.

CONSEIL

Avant chaque décollage, quelle que soit leur expérience, le pilote et le copilote d'un avion déroulent une longue *Check-list* pour vérifier méticuleusement des détails en apparence anodins, minuscules, évidents, et pourtant capitaux. Faites-en autant !

ANTICIPEZ, LONGTEMPS À L'AVANCE

Il est des points que vous ne pourrez pas improviser à chaud : il vous appartient d'y réfléchir très en amont, dès maintenant. Vous n'anticiperez jamais assez !

- Pensez au **salaire** que vous aimeriez obtenir, de manière à pouvoir répondre instantanément sans aucune hésitation, si on vous pose la question. Si vous n'avez aucune idée du salaire auquel vous pouvez prétendre, cherchez sur Internet.

  Pour un emploi **durable** (CDI) ou un emploi de cadre, un employeur attend que vous annonciez un salaire **brut annuel**.

  Pour un emploi de **courte durée** (intérim, CDD...), vous pouvez annoncer un **salaire mensuel**. Précisez toujours si le salaire que vous annoncez est brut ou net.
- Pensez aux **questions que vous pourriez poser** en clôture d'entretien pour le cas où le recruteur vous demanderait : « *Avez-vous des questions à poser ?* ». Outre quelques détails techniques ou matériels sur lesquels vous aimeriez avoir des éclaircissements, vous pouvez demander à quel stade d'avancement en est ce recrutement, ou quand le recruteur pense vous recontacter. Mais ne demandez pas s'il y a des tickets-restaurant, une salle de fitness, une crèche d'entreprise, etc. Il ne faut pas donner le sentiment que votre bien-être matériel vous intéresse plus que le poste proposé.

JUSTE AVANT DE PARTIR EN ENTRETIEN

- Munissez-vous de plusieurs **CV avec photo** car si vous êtes reçu par plusieurs personnes, vous pourrez ainsi donner un CV à celles qui n'en ont pas. Placez vos CV, **sans les plier**, dans une pochette plastique ou une chemise : ils doivent être impeccables quand vous les donnerez.
- Ayez le nécessaire pour prendre des notes : un **bloc-notes** ou un **cahier** et un **stylo** avec lequel il soit impossible de faire « clic-clic-clic » pendant l'entretien ; c'est impératif.
- Prévoyez un **temps de transport très large** pour faire face aux impondérables : déviation, embouteillage, retard d'un train, etc. Tout retard, même minime, est inacceptable.
- Ayez avec vous le **nom et le numéro de téléphone de la personne que vous devez rencontrer**. Si jamais un imprévu majeur vous met en retard, vous devez très vite le signaler **avant** l'heure du rendez-vous et convenir de le retarder un peu ou le reporter au lendemain.

- Faites en sorte d'**arriver avec un peu d'avance** pour n'être ni essoufflé(e) ni tendu(e).
- Adoptez une **tenue vestimentaire** appropriée au poste et à la région.
- Ne mettez pas de chaussures neuves : si vous deviez marcher un peu pour atteindre le point de rendez-vous et que vous ayez mal aux pieds, vous ne penserez plus qu'à vos pieds pendant l'entretien au lieu de vous concentrer sur la conversation.
- Rendez-vous disponible pour rester plus longtemps que prévu, au cas où l'entretien se prolongerait ou si le recruteur décidait soudain de vous présenter à une autre personne.

  Si vous aviez déjà calé un autre rendez-vous, vous allez être en situation inconfortable et rater votre entretien comme le montre l'exemple qui suit.

Exemple

Salomé P. se rend en train à un entretien dans une entreprise située à 400 kilomètres de chez elle. L'entretien se passe si bien que le recruteur veut la présenter au directeur du site qui pourrait décider de son embauche.

Mais Salomé sait que cet imprévu va lui faire manquer le train du retour. Ses maigres revenus ne lui permettant pas de payer une nuit d'hôtel et un autre billet de train, elle décline la proposition, et rentre chez elle, sans avoir rencontré le directeur.

Dans ce cas précis, Salomé a quand même obtenu le poste mais c'est un miracle : refuser de rencontrer un responsable est généralement sanctionné par un échec.

À VOTRE ARRIVÉE DANS UNE ENTREPRISE

Il peut arriver que l'interlocuteur que vous devez rencontrer ne soit pas encore arrivé ou soit occupé ; certains recruteurs laissent même intentionnellement patienter longuement les candidats pour éprouver leurs nerfs. Ce n'est pas une raison pour montrer des signes d'impatience et encore moins pour agresser l'hôtesse d'accueil. Pareil comportement jouerait en votre défaveur.

Si, pour rejoindre votre interlocuteur, on vous fait traverser un local où travaillent de nombreuses personnes, saluez-les collectivement à haute voix,

« *Bonjour Messieurs-Dames* », comme vous le faites en entrant dans un commerce. Saluez-les de même en sortant.
Personne ne fait plus cela ? Détrompez-vous, cela se fait toujours et on se souviendra de vous parce que même si aucun autre candidat ne l'a fait, VOUS, vous l'avez fait !

Évitez toute remarque désobligeante.

Exemple

Mandatés par une entreprise pour recruter un cadre de haut niveau, nous recevions les candidats dans notre accueillant hall d'entrée doté d'un petit bar, ce qui permettait de leur offrir café, jus de fruits et viennoiseries. Les murs étaient ornés de deux authentiques huiles sur toile signées d'un peintre reconnu.
À peine entré et nous avoir salué, un candidat jette un coup d'œil circulaire et laisse tomber : « *Ah, c'est ça vos bureaux ? J'imaginais quelque chose de plus cossu* » !
Sa remarque désagréable était d'autant plus stupide que la décoration de notre cabinet n'était en rien représentative des locaux du client chez lequel il aurait pu être embauché… s'il avait été moins suffisant. Nous n'avons pas retenu sa candidature.

AU DÉBUT DE L'ENTRETIEN

- Coupez complètement votre téléphone portable ; même le mode vibreur est prohibé.
- Malgré tout, si une nécessité absolue vous oblige à le conserver allumé (problème grave concernant un proche ou un client), demandez-en la permission et expliquez pourquoi.
- Saluez toutes les personnes présentes d'une poignée de main franche avec le sourire.
- N'hésitez pas à dédramatiser immédiatement tout ce qui pourrait polluer l'entretien, comme le montre cet exemple vécu :

Exemple

Arrivé en avance à un rendez-vous, j'étais allé boire un café dans une brasserie. Un autre client m'a heurté, projetant le contenu de ma tasse sur ma chemise.

L'heure de l'entretien arrivant, j'aurais pu boutonner ma veste pour dissimuler en partie l'énorme tache mais mon attitude aurait semblé étrange au recruteur et j'aurais été moi-même moins concentré, voire totalement décontenancé.

J'ai gardé ma veste grande ouverte et en serrant la main du recruteur, j'ai pris les devants : « *Désolé de me présenter dans cet état, mais j'ai eu un léger incident au café qui est au pied de l'immeuble ; j'espère que vous voudrez bien me pardonner* ».

Mon interlocuteur a très aimablement répondu : « *Ce sont des choses qui arrivent ; voulez-vous que je vous fasse préparer un autre café ?* » ; l'incident était oublié.

D'innombrables incidents de ce type peuvent survenir : une aile cabossée en garant votre voiture, un document oublié chez vous, votre stylo qui n'a plus d'encre... ne vous laissez pas déstabiliser, montrez que vous restez maître de vous en toutes circonstances et, si nécessaire, expliquez ce qui vous gêne.

- Sortez votre cahier et préparez-vous à prendre quelques notes. Mais **ne passez pas tout votre temps à écrire** ; l'important, c'est l'attention que vous portez au dialogue, pas à votre cahier.
- S'il y a plusieurs interlocuteurs, faites-vous préciser leurs noms et fonctions et, dans la mesure du possible, notez-les quitte à en faire préciser l'orthographe.

  Profitez de ce bref répit pour laisser s'apaiser votre stress. Cela montrera que vous êtes attentif aux personnes que vous rencontrez et que vous restez maître de vous-même. De plus, si l'une de ces personnes venait à vous téléphoner un jour pour vous fixer un autre rendez-vous, elle sera ravie que vous vous souveniez de son nom.
- Remettez un CV à chacune des personnes qui n'en ont pas.

▶ COMMENT CONVIENT-IL DE VOUS INSTALLER ?

Parfois, l'entretien se déroule autour d'une petite table de réunion. Vous pourrez vous asseoir à cette table **après y avoir été invité** et y poser le carnet ou cahier destiné à prendre des notes.

Mais si le recruteur vous fait asseoir devant le bureau derrière lequel il reste assis, nous vous déconseillons d'installer votre cahier sur son bureau sans y avoir été invité : certaines personnes considèrent en effet que leur bureau est la marque de leur pouvoir, un espace privé, réservé, interdit !

En pareil cas, asseyez-vous à peu de distance du bureau et prenez des notes sur vos genoux.

▶ PRÉSENTATION ET ATTITUDE

- Ne parlez pas seulement à l'interlocuteur principal ; regardez tout le monde.
- Ne perdez jamais ce lien visuel. Vous pouvez le rompre brièvement pour lire ou écrire une note mais vous devez aussitôt renouer avec le regard de vos interlocuteurs. C'est essentiel.
- Parlez distinctement, posément, avec un débit calme. Respirez bien.
- Ayez une gestuelle posée ; attention aux gestes qui traduisent votre nervosité :
    - ne faites pas « clic-clic-clic » avec votre stylo-bille ;
    - ne remettez pas sans cesse vos cheveux ou vos lunettes en place ;
    - ne nouez pas vos mains l'une à l'autre, ne les tordez pas ;
    - ne cachez pas votre bouche derrière votre main, vos cheveux, votre foulard ou votre CV.

Proscrivez les mille locutions comme : *un petit peu, ça m'interpelle, effectivement, quelque part, au jour d'aujourd'hui* (qui n'est pas français).

Corrigez-vous des mots que vous avez tendance à répéter encore et encore à longueur de discours : *alors, en fait, donc, d'accord, si vous voulez.*

Demandez à vos proches de vous signaler si vous avez ce genre de tic verbal dont faudra absolument vous défaire, au besoin avec leur aide. Vous pouvez les remercier en leur rendant le même service !

Outre qu'elles sont absurdes, la répétition incessante de ces locutions est très agaçante pour votre auditoire dès lors qu'elles ponctuent chacune de vos phrases. Puisqu'elles ne servent qu'à vous donner le temps de penser à ce que vous allez dire ensuite, faites plutôt de très minuscules coupures dans votre discours ; elles auront le même effet mais n'irriteront pas vos interlocuteurs.

CONTRÔLE DE LA SITUATION

- Ne lisez pas votre CV : si vous avez bien préparé votre présentation, vous devez connaître votre parcours par cœur. Le but n'est pas de réciter ce que le recruteur a sous les yeux.
- Ne monopolisez pas la parole ; laissez le recruteur piloter l'entretien.
- Veillez à toujours tourner vos phrases de manière **positive**. Par exemple, au lieu de dire « *J'ai abandonné mes études de droit parce que la faculté ne me convenait pas* », dites plutôt « *J'ai choisi très vite de me réorienter vers un BTS, plus en adéquation avec la vie des entreprises* ».
- Si nécessaire, sachez répondre « *Je ne sais pas* » à une question car c'est déjà une réponse.
- **Laissez la place au silence**.
  N'essayez surtout pas de combler les silences du recruteur, comme le montre cet exemple.

Exemple

Lors d'une préparation aux entretiens, Robert K, invité à se présenter, décrit son parcours professionnel en quelques minutes, puis se tait. L'animateur ne dit rien.

Pour combler le silence, Robert décrit une mission délicate qu'il avait menée à bien au cours de son dernier emploi. L'animateur ne dit toujours rien.

Robert insiste : « *Je m'étais complètement investi dans cette mission mais mon patron n'en a retenu que les petits loupés et des délais légèrement dépassés* ». Comme l'animateur se tait toujours, Robert finit par lancer : « *Je lui ai balancé ses quatre vérités et dans la foulée, je lui ai claqué ma démission* ».

Voyant la mine stupéfaite des autres participants, il comprend que s'il s'était agi d'un véritable entretien, pareille phrase aurait torpillé sa candidature.

Vous l'aurez compris, certains recruteurs laissent intentionnellement le silence s'installer et attendent que le candidat trébuche. Ne soyez pas dupe de cette astuce vieille comme le monde et restez maître de vous et de votre discours. Si le silence perdure, redonnez explicitement la main au recruteur : « *Qu'aimeriez-vous savoir encore de mon parcours ?* ».

- N'hésitez pas à faire préciser une question, c'est mieux que de répondre à côté !

  Une méthode consiste à reformuler la question de votre interlocuteur avec vos propres mots mais n'en abusez pas ; vous ne pourrez le faire que deux ou trois fois au cours de l'entretien.
- Assurez-vous d'avoir été compris ou d'avoir bien répondu aux questions qui vous sont posées.
- N'abusez pas des sigles ou bien explicitez-les. Songez que le sigle ERP sera compris comme *Enterprise Resource Planning* par un informaticien, mais sera compris comme *Établissement Recevant du Public* par un architecte, cela peut créer d'énormes malentendus.
- À l'inverse, faites-vous expliquer les sigles que vous ne connaissez pas.
- Si le recruteur n'a pas parlé salaire, vous pouvez aborder la question en fin d'entretien, sans gêne. Mais attendez-vous à ce qu'au lieu de vous répondre, il vous retourne instantanément, comme un boomerang, la question : « *Quelles sont vos prétentions ?* ». C'est pourquoi vous devez être préparé à répondre sans hésitation, comme mentionné plus haut.
- Il est possible qu'à un moment de l'entretien le recruteur vous demande s'il vous serait possible de lui donner les coordonnées d'une ou deux personnes qui pourraient lui parler de vous.

Prudence ! Il est très délicat de répondre favorablement à pareille requête. D'une part, il se peut que, pour mille raisons valables, vous ne soyez plus en très bons termes avec votre précédent employeur qui risque de vous critiquer.

Mais, même si vous avez en tête des personnes de confiance, il est **imprudent de les mettre en relation avec votre recruteur**. Parfois, en effet, pour ne pas donner l'impression d'un copinage ou d'un arrangement, ces personnes risquent d'assortir de mille réserves les compliments qu'ils feront sur vous et c'est parfois plus destructeur qu'une appréciation négative. Nous avons maints exemples d'amis qui font plus de dégâts qu'un adversaire assumé !

Alors, comme il n'est pas facile de refuser, répondez favorablement à la demande du recruteur « *Oui, avec plaisir, bien entendu. Je n'ai pas leurs coordonnées avec moi mais je vous les envoie très vite par mail* ». En agissant ainsi, vous montrez que vous avez totalement confiance en ce qu'on peut dire de vous et vous vous ménagez une excellente occasion de rentrer à nouveau en relation avec le recruteur deux jours plus tard pour lui communiquer un ou deux contacts (jamais plus).

- Sachez sentir le moment où le recruteur souhaite conclure l'entretien. Prenez alors congé sans chercher à vous incruster, ni tenter de raconter quoi que ce soit pour vous mettre en valeur. L'effet serait diamétralement opposé.
- Avant de partir, vous pouvez demander en guise de dernière question : « *Est-il indiscret de vous demander à quel stade en est ce recrutement ?* » ou encore « *Pensez-vous donner rapidement une suite à notre entretien ?* ». Il arrive que certains recruteurs répondent avec franchise et puissent vous éclairer sur ce qu'ils ont pensé de l'entrevue. C'est bon pour le moral.

QUATRE CHOSES À NOTER EN SORTANT

Prenez impérativement quelques minutes dans un endroit neutre (sur le trottoir, dans votre voiture, mais surtout pas dans l'entreprise) pour **noter tout de suite**, à chaud, **quatre choses** :

- vous n'avez pas noté le nom de toutes les personnes ? Notez-les pendant que vous les avez en mémoire ; dans deux jours, vous les aurez oubliés, surtout s'ils semblent simples à retenir ;
- certaines questions vous ont embarrassé ? À n'en pas douter, elles vous embarrasseront à nouveau lors d'un prochain entretien dans une autre entreprise. Notez-les immédiatement et, une fois chez vous, à tête reposée, trouvez une réponse satisfaisante et entraînez-vous à la formuler spontanément ;
- à l'inverse, certaines de vos réponses ont intéressé le recruteur et semblent avoir joué en votre faveur ? Notez-les également : il faudra trouver le moyen de les replacer coûte que coûte dans vos prochains entretiens. Adaptez en conséquence votre préparation orale ;
- enfin, si vous avez pu obtenir le niveau d'avancement du recrutement et la date à laquelle il serait judicieux de reprendre contact, notez également ces précieuses informations.

C'EST ENCORE LONG ?

Disons-le clairement : **OUI**, un recrutement peut prendre longtemps, parfois même très longtemps !

Chez les commerçants et artisans, comme dans les très petites entreprises, un unique décideur (souvent le dirigeant lui-même) peut en moins d'une heure estimer si un candidat lui convient ou non. La décision d'embauche peut alors être rapide. Les responsables de très petites entreprises sont eux aussi des opérationnels de terrain, chaque minute perdue représente un manque à gagner ; ils ont tout intérêt à conclure rapidement leurs recrutements.

Dans de plus grandes entreprises, la décision nécessite souvent l'avis de plusieurs personnes et les délais peuvent devenir bien plus longs. Après un premier tri des CV et la sélection d'une brochette de 3 à 6 personnes, un premier entretien permet d'affiner cette sélection. Le plus souvent, il faudra au moins un second rendez-vous pour confirmer ou infirmer cette perception et arrêter un choix. La personne qui a mené ces entretiens cherche parfois à valider son choix en faisant recevoir les candidats par une autre personne. C'est un passage quasi obligatoire quand la décision est partagée entre un opérationnel et une personne des ressources humaines dont les attentes et les prérogatives sont bien différentes. Cela fait déjà trois entretiens et c'est parfois plus dans certains grands groupes. Comme il peut s'écouler une ou deux semaines entre deux rendez-vous, chaque nouvel entretien allonge considérablement les délais.

Bien des candidats sont déconcertés par cette lenteur et s'en inquiètent ; rassurez-vous, c'est souvent le cas dans de grandes entreprises. **Ne vous découragez pas**.

VIENT L'HEURE DES CHOIX

Une question revient alors souvent : quelle conduite tenir si, pendant ce long processus, vous veniez à recevoir une offre émanant d'une seconde entreprise ?

La réponse va de soi : il vaut mieux avoir plusieurs propositions que pas du tout et, s'il s'en présente une intéressante, vous devez bien entendu l'accepter et cela **sans aucune hésitation**.

Songez que si l'entreprise qui vous a fait lanterner pendant deux mois décidait finalement de ne pas vous embaucher, elle ne prendrait pas de gants et sa décision tomberait comme un couperet. Alors faites-en autant : pas de cadeau, pas de pitié, pas de sentiment !

Vous avez reçu une seconde proposition ? Prenez votre décision uniquement en fonction de **critères objectifs** : salaire, conditions de travail, attractivité de l'entreprise, pérennité de la situation proposée, éloignement, etc. Si la seconde entreprise a fait une **meilleure** offre que la première, acceptez-la sans aucun état d'âme ! Tant pis pour l'entreprise qui vous a fait traîner.

Mais que faire si cette seconde offre est **moins intéressante** que la première ? Notre conseil reste inchangé : même moins attrayante, vous avez tout intérêt à saisir l'offre qui se présente. Dans l'état actuel du marché du travail, spéculer sur une hypothétique réponse favorable du premier employeur serait un pari hautement risqué ; vous risqueriez de perdre ces deux opportunités d'emploi.

Deux remarques peuvent apaiser vos éventuelles inquiétudes :

- d'une part, en acceptant la seconde proposition (la moins attractive), vous pouvez demander à différer de deux ou trois semaines votre prise de fonction ; tout employeur peut accepter cela.

  Si, pendant ce bref délai, la première entreprise donnait enfin une réponse positive et ferme (dûment signée), vous pourriez l'accepter et ne pas donner suite à la seconde offre ;
- si rien n'est advenu et que vous avez déjà pris vos fonctions dans la seconde entreprise, il vous reste encore une période d'essai de 1 à 3 mois renouvelables selon les emplois.

  Pendant ce laps de temps, si la première entreprise s'engage fermement, vous pouvez quitter votre poste sans avoir à en justifier la raison. Accessoirement, vous pouvez jouer de cette situation pour faire monter les enchères et obtenir un meilleur salaire de l'une ou de l'autre entreprise.

▶ MÉNAGER LES PERSONNES, C'EST MÉNAGER L'AVENIR

Dans tous les cas, soyez irréprochable : informez l'entreprise, le plus poliment du monde, de votre décision de ne pas donner suite à son offre, sans dire sur quelle autre entreprise s'est porté votre choix. Dans de petits bassins d'emploi, ou des spécialités professionnelles rares, tout le monde connaît tout le monde et manquer de savoir-vivre est potentiellement source de gros désagréments.

PROGRESSER AVEC L'AIDE D'UN CONSEILLER

Puisque vous êtes maintenant doté de bons éléments de communication (CV et lettres), le prochain chapitre sera consacré à la manière de partir à l'assaut des employeurs car il vous reste encore à découvrir quelques éléments indispensables à votre réussite.

Nous en sommes convaincus, cela débouchera très vite sur des entretiens avec des recruteurs.

Bien entraîné à prendre la parole grâce à la préparation « Œuf à la coque », votre discours sera certainement bien construit et efficace. Mais, dans le contexte d'un entretien véritable, on vous jugera aussi sur d'autres critères : votre niveau d'aisance, votre plus ou moins grande aptitude au dialogue, la qualité de votre gestuelle, vos éventuelles marques de nervosité, etc. Le recruteur sera également attentif à la pertinence de vos propos, à votre sens de la répartie et il évaluera votre capacité à faire face à des questions inattendues, voire déstabilisantes.

Ne croyez-vous pas qu'il serait bon de vous préparer ? Pour cela, nous vous conseillons vivement deux entraînements complémentaires :

- une ou plusieurs **simulations d'entretiens**. Elles vous aideront à améliorer l'image que vous donnerez lors des entretiens et à vous positionner comme un collaborateur crédible, stable, capable de travailler au sein d'une équipe ;
- un **atelier d'improvisation**. Ce travail, effectué en petit groupe, vous aidera à maîtriser les échanges avec vos interlocuteurs et à trouver en vous le moyen de répondre sans hésitation à toutes les questions qui peuvent surgir, si imprévues ou si déconcertantes soient-elles.

CONSEILS

Nul ne peut faire seul de tels entraînements ; vous devrez vous faire aider.

Si vous êtes suivi et épaulé par un organisme (Mission locale, APEC, Pôle emploi, association, etc.) prenez contact avec cet organisme et demandez à ce qu'un conseiller en insertion professionnelle formé à ce type d'accompagnement organise pour vous cet entraînement.

Faites-le dès maintenant car l'organisation de cette étape peut nécessiter un peu de temps.

Si vous n'êtes suivi par aucune structure, une personne de confiance peut éventuellement organiser pour vous une ou plusieurs simulations d'entretien en s'appuyant sur les conseils fournis en annexe, pages 168 et 169. Mais, en aucun cas, cette personne ne pourrait organiser l'atelier d'improvisation qui sera également décrit car il ne peut se faire qu'en groupe et en mettant en œuvre une logistique bien spécifique.

Conseiller

Vous trouverez en annexe deux chapitres qui vous sont spécialement dédiés :

- le premier, page 168, vous donnera quelques conseils pour mener vos **simulations d'entretien individuelles ou en groupe** avec la meilleure efficacité ;
- le second, page 171, vous permettra d'acquérir la pratique d'une forme particulière d'**atelier d'improvisation** destinée aux chercheurs d'emploi, que nous utilisons depuis des années et dont l'efficacité est avérée.

5

PARTIR À LA CONQUÊTE DES EMPLOYEURS
Toutes les méthodes de prospection (ou presque) p. 134
Combinez toutes ces approches
Suivez vos candidatures
Répondre à des offres d'emploi p. 135
Que fait alors le recruteur ?
Faut-il rappeler l'employeur ?
Évitez de vous comporter en « touriste »
Avantages et inconvénients
Aller se présenter physiquement p. 138
Cas des PME/PMI
Avantages et inconvénients
Déposer son CV sur des sites de recrutement p. 140
Déposer un CV
Avantages et inconvénients
Créer une alerte
Envoyer des candidatures spontanées p. 142
Méthode
Ciblage
Comment ces candidatures fonctionnent-elles ?
Avantages et inconvénients
Faire jouer les réseaux p. 144
Trouver le bon contact
Avantages et inconvénients
Réseaux sociaux
Tenir le bon discours
Quelques méthodes atypiques p. 148
Intérim
Attaque commando
Évaluation des projets professionnels

Vous êtes à présent doté de tous les atouts nécessaires au succès de votre recherche d'emploi :

- vous avez mûri un projet professionnel crédible, susceptible de rencontrer un marché et compatible avec vos contraintes personnelles ;
- vous disposez d'un CV solide et attractif ;
- vous avez rédigé plusieurs lettres de candidature adaptées aux différents usages que vous voulez en faire ;
- vous vous êtes consciencieusement préparé aux entretiens en répétant votre présentation personnelle et en vous entraînant à improviser.

Il vous faut maintenant partir à la conquête des employeurs pour donner vie à votre projet.

TOUTES LES MÉTHODES DE PROSPECTION (OU PRESQUE)

Nombre de candidats se contentent d'une unique technique de recherche d'emploi ; c'est ce que vous pourriez faire de pire. C'est par la **combinaison de multiples actions de recherche** que vous obtiendrez les meilleurs résultats et les méthodes ne manquent pas.

Vous pouvez :

- répondre à des offres d'emploi, ce à quoi se limitent trop de candidats ;
- aller vous présenter physiquement et pousser la porte d'un commerçant ou artisan ;
- déposer votre CV sur des sites de recrutement ;
- envoyer des candidatures spontanées ;
- faire jouer vos réseaux ;
- et bien d'autres méthodes atypiques, comme la « lettre d'attaque commando », décrite en page 97.

Nous allons explorer l'une après l'autre toutes ces approches et expliciter les avantages et inconvénients de chacune d'entre elles.

COMBINEZ TOUTES CES APPROCHES

Nous ne comptons plus les personnes qui avouent n'envoyer que 2 à 3 candidatures par semaine et s'étonnent de ne pas trouver d'emploi. En les interrogeant, on découvre qu'elles se limitent souvent à répondre sur Internet à des offres dont fort peu correspondent à leur profil.

À raison de 2 à 3 candidatures par semaine, il leur faudra des mois pour atteindre les 50 à 60 entreprises qu'il faudrait contacter pour commencer à avoir des rendez-vous. Beaucoup se décourageront avant. Ne tombez pas dans ce piège, **multipliez les approches**.

SUIVEZ VOS CANDIDATURES

Quels que soient les modes de candidature que vous adoptiez, gardez-en une trace écrite rigoureuse et datée (par exemple, tenez à jour une feuille Excel similaire à celle décrite en page 101).
Elle vous servira à noter tous les détails qui pourraient vous être utiles par la suite, y compris solliciter une même entreprise quelque temps plus tard avec une autre forme de candidature.

RÉPONDRE À DES OFFRES D'EMPLOI

Dans leur grande majorité, les chercheurs d'emploi concentrent leurs efforts sur les réponses aux offres d'emploi qu'ils trouvent sur différents supports : site internet spécialisé, rubrique « Carrières » d'une entreprise particulière, sites de Pôle emploi ou de l'APEC, pages « Emploi » d'un journal (de plus en plus rares), grâce à une association, etc. Cela semble si naturel !
Ils pensent qu'en répondant à ces offres ils ont toutes leurs chances ; il n'en est rien, on le verra.

Pour l'heure, si vous trouvez une offre intéressante, envoyez, par e-mail ou courrier postal, une candidature écrite composée d'un CV et d'une lettre de candidature. À ce stade, il nous semble prudent de vous rappeler ce qu'est la réalité, comme évoqué en page 12.

Exemple

Nous avions passé une offre d'emploi sur un site de recrutement en ligne afin de pourvoir un poste hautement qualifié. Arrivant à notre bureau le lendemain, nous avions déjà reçu 150 réponses ! À la fin de la semaine, nous en étions à 450 et à la fin de la deuxième semaine, quand nous avons décidé de clore l'offre, nous avions reçu plus de 600 réponses au total !

Même si de tels chiffres sont exceptionnels, ils nous invitent à en tirer des leçons et, pour cela, raisonnons sur un exemple moins extrême mais très représentatif.

Imaginons qu'après la publication d'une offre un employeur reçoive 30 candidatures :

- environ 5 d'entre elles sont immédiatement écartées car totalement hors sujet. Nous les qualifions parfois de « touristes » (voir page 137) ;
- il lui reste 25 candidatures recevables ;
- après un rapide examen, il en élimine le plus souvent une quinzaine qui sont trop éloignées du profil recherché (formation, expérience ou compétences insuffisantes, CV confus ou désordonné ou sans véritable contenu, etc.) ;
- il reste 10 candidats crédibles dont il épluche méticuleusement les dossiers ;
- parmi eux, l'expérience montre qu'il y en a 4 ou 5 excellents dont un ou deux sont même parfois exceptionnels. C'est largement suffisant pour procéder à un recrutement pertinent.

▶ QUE FAIT ALORS LE RECRUTEUR ?

Va-t-il attendre la fin de la semaine pour le cas où arriveraient d'autres candidatures valables ?
L'expérience confirme qu'en effet il en recevra, mais seront-elles meilleures ?
Le simple bon sens nous dicte cette réponse évidente : elles ne le seront ni plus ni moins !
Alors pourquoi attendrait-il une semaine de plus, au risque de voir ses 5 favoris céder aux offres d'autres employeurs auprès desquels ils ont également candidaté et qui auront été plus réactifs ?

! Avant la fin de la journée, l'employeur aura pris rendez-vous avec ses 5 favoris.

Que fera-t-il des candidatures qui arriveront après ce premier lot ? Tout au plus les mettra-t-il de côté pour le cas très improbable où aucun de ses 5 candidats ne ferait l'affaire mais, la plupart du temps, ce surplus de candidatures ira à la poubelle ou au broyeur à papiers.

On peut contester tel ou tel détail de notre présentation mais, statistiquement, les chiffres que nous avançons se vérifient le plus souvent et nous vous invitons à faire preuve de lucidité, même si cela heurte vos désirs ou vos intuitions.

Conclusion

Puisque vous cherchez un emploi, donnez-vous des règles strictes :

- quand une offre d'emploi se présente, répondez le jour même : demain, il sera peut-être trop tard ;
- pour cela, ayez toujours un CV et une lettre de candidature prêts à l'emploi : il n'est donc pas utile de les personnaliser finement ;
- ne répondez pas à une offre parue trois semaines auparavant… mais elle pourra servir à envoyer une candidature spontanée (voir page 95).

FAUT-IL RAPPELER L'EMPLOYEUR ?

(⚠ à creuser)

Devez-vous rappeler une entreprise qui n'a pas donné de réponse dans les deux semaines qui suivent l'envoi de votre candidature ?
Contrairement à ce que nous entendons à longueur d'année, la réponse est clairement NON !
Le scénario que nous venons de dérouler le montre assez : si votre candidature avait attiré l'attention de l'entreprise, il y a bien longtemps qu'elle vous aurait contacté. Inutile que vous perdiez des heures à appeler et rappeler encore en vous nouant chaque jour un peu plus l'estomac.
Jamais, dans nos carrières de recruteurs, l'appel d'un candidat éliminé en première lecture ne nous a fait revenir sur cette décision.

ÉVITEZ DE VOUS COMPORTER EN « TOURISTE »

On nomme ainsi les personnes dont la candidature n'a aucun rapport avec l'offre publiée.

Ce sont parfois (rarement) des personnes qui ont mal lu ou mal compris l'annonce mais, le plus souvent, ce sont des personnes désespérées de ne pas trouver d'emploi qui répondent à n'importe quelle autre offre avec le vain espoir que leur candidature pourrait être acceptée : « *Telle entreprise, qui recherche un juriste, a peut-être un jardin arboré, alors pourquoi ne pas proposer ma candidature comme agent d'entretien d'espaces verts ?* ».
L'idée n'est pas absurde mais cette candidature, noyée dans le flot des candidats juristes, n'a aucune chance d'aboutir. Alors qu'envoyée à un autre moment et à un autre responsable sous forme de candidature spontanée, elle aurait des chances de percer. Nous y reviendrons.

AVANTAGES ET INCONVÉNIENTS

Répondre à une offre récente, c'est l'assurance qu'il y a probablement un poste à pourvoir.
Mais des dizaines d'autres candidats, parfois des centaines, ont également répondu.

> **Conclusion**
>
> **Oui**, il faut répondre à des offres.
> **Mais** il ne faut pas vous limiter à cela et ne pas surestimer vos chances de succès.

ALLER SE PRÉSENTER PHYSIQUEMENT

C'est la méthode recommandée pour les commerces de proximité (boulangerie, salon de coiffure, primeur, garage, librairie, pressing) et, plus généralement, tous les commerçants ou artisans auxquels il arrive de coller une affichette sur leur porte ou leur vitrine.
L'avantage qu'offrent ces entreprises, c'est qu'on peut y rencontrer directement le ou la responsable capable de prendre très vite une décision.

> **Pousser la porte d'un commerce qui a apposé une affichette est très pertinent mais pas sans vous y être très sérieusement préparé. Pasteur disait : « *La chance ne sourit qu'aux esprits bien préparés* ».**

Il faut comprendre qu'un artisan n'a pas de temps à perdre et il est souvent déjà occupé à servir ou dépanner un client. Sachez l'intéresser dès la première phrase, sans bafouiller ni tourner autour du pot. Soyez dans la même dynamique que l'entraînement « Œuf à la coque » mais en beaucoup plus bref, plus intrusif ; **vos premiers mots seront décisifs**.

Une fois passé ce premier cap, le commerçant saura vous sonder en deux ou trois questions précises et directes ; vous ne pourrez pas le tromper sur ce que vous savez ou ne savez pas faire.
Vous devez également avoir la tenue vestimentaire appropriée : si vous êtes en tenue négligée, vous pouvez entrer dans une boulangerie pour acheter votre pain mais pas pour demander un emploi ! Revenez plus tard dans une tenue plus appropriée et en vous étant préparé mentalement.

La contrepartie de ces exigences, c'est que la décision peut être prise très vite.

Il est fréquent que la personne qui vous aura reçu souhaite s'entourer de l'avis d'une personne actuellement absente, conjoint ou chef d'atelier. Dans ce cas, laissez votre CV et demandez qui vous devrez rappeler, et quand. Le moment venu, rappelez avec un discours clair et engageant.
Même s'il suffit la plupart du temps de laisser un CV, ayez toujours une lettre de candidature avec vous pour le cas où on vous la demanderait.

CAS DES PME/PMI

Pareille démarche n'est efficace que dans les commerces ou entreprises où vous avez des chances de rencontrer l'unique personne capable de décider. C'est bien plus aléatoire dans des structures un peu plus grandes (supérettes, hôtels, entrepôts) dans lesquelles le responsable n'est pas directement accessible. Le risque est alors grand de laisser votre CV à un employé qui peut vous percevoir comme un possible concurrent et ne jamais transmettre ledit CV.

Exemple

Prenant la direction d'un hôtel, l'un de nos correspondants a découvert, dans le tiroir de la réception, une pile de CV qui avaient été enterrés là par la précédente réceptionniste. Inutile de dire que les malheureux candidats n'avaient jamais plus entendu parler de leur démarche.

Pour les métiers du bâtiment, repérez les immeubles en construction et demandez aux ouvriers quand passera le chef de chantier ; c'est lui qu'il faudra revenir voir, toujours avec un discours bref et bien construit. Ou bien, repérez la camionnette d'un plombier, un chauffagiste, un électricien, un couvreur, un poseur d'huisseries PVC ; suivez-la jusqu'à sa destination et abordez le conducteur pour en obtenir des informations.

CONSEIL

Bien qu'ils soient concurrents les uns des autres, commerçants et artisans se connaissent et s'entraident volontiers. Quand l'un d'eux ne se montre pas intéressé par votre candidature, demandez-lui quel autre de ses confrères vous pourriez contacter. C'est un moyen d'agrandir le cercle de vos cibles.

AVANTAGES ET INCONVÉNIENTS

Dans de nombreux métiers, il est **impératif** de se présenter physiquement. C'est le plus sûr moyen d'avoir un contact direct avec le décideur.

Conclusion

Oui, il faut se présenter physiquement aux commerçants et artisans.
Mais il ne faut pas le faire sans préparation, sur un coup de tête.
Et cette préparation (discours, habillement) se travaille longtemps à l'avance, pas en arrivant au coin de la rue.

DÉPOSER SON CV SUR DES SITES DE RECRUTEMENT

Il existe d'innombrables sites internet spécifiquement dédiés à la diffusion d'offres d'emploi.
Parmi les sites généralistes, on peut citer *Indeed*, *Monster*, *Regionsjob* (qui se décline en régions *Parisjob*, *Centrejob*, *Pacajob*, etc.), *Qapa*, sans oublier *Pole-emploi* et *Apec*.
Leboncoin et son site spécialisé *pro.leboncoin.fr* procurent aussi de bonnes offres d'emploi mais prenez garde : certaines de ces offres sont des arnaques qui ne visent qu'à vous extorquer des fonds sous prétexte de frais de dossier ou d'achat d'équipements de sécurité. N'acceptez jamais aucune proposition qui vous demande un quelconque paiement et signalez cet abus.
D'autres sites sont orientés vers des secteurs économiques précis, comme *Carriere-industrie*, *Carriere-btp*, *Pharmaceutiques*.
Beaucoup de grands groupes offrent sur leur site une rubrique « Carrières » ou « Nous recrutons ».
Qu'il s'agisse de Veolia, Renault Trucks, Française des Jeux, Novartis, Bayer, Casino ou Kiabi, tous les secteurs économiques sont représentés.

Ne vous dispersez pas ; expérimentez une douzaine de sites généralistes puis ne retenez que les deux ou trois qui vous semblent pertinents pour votre recherche et ne travaillez qu'avec eux.
Outre la consultation des offres en cours, la plupart des sites généralistes proposent deux fonctionnalités essentielles : déposer son CV et créer des alertes.

▶ DÉPOSER UN CV

Pour ce qui concerne le CV, il faut choisir des sites qui vous permettent de déposer votre CV, celui-là même que vous avez préparé avec votre traitement de texte, comme vu au chapitre 2.

Mais **fuyez les sites qui imposent de saisir votre CV en ligne** en remplissant un formulaire prédéfini.
Non seulement vous passeriez un temps considérable à remplir ce formulaire, mais le plus grave c'est que le résultat serait généralement pitoyable. Les CV ainsi saisis sont transmis aux recruteurs sous une forme stéréotypée, souvent tristounette, maladroite et tous présentés de la même manière. Vous ne pourriez pas vous distinguer des autres candidats.

Exemple

Nous connaissons une recruteuse qui a reçu un flot de CV émanant de Pôle emploi qui se ressemblaient tant que les seuls CV qui retenaient son attention étaient ceux faits par les candidats eux-mêmes, en dépit de leurs petits défauts.

▶ CRÉER UNE ALERTE

En créant une alerte, vous serez immédiatement informé chaque fois que paraît une offre correspondant aux critères que vous aurez mentionnés au moyen de mots-clés. Le choix de ces critères est donc important. Choisir les termes les plus souvent demandés vous apporterait beaucoup d'alertes mais peu seraient pertinentes.

▶ AVANTAGES ET INCONVÉNIENTS

Une fois déposé sur un site, un CV travaille tout seul pour vous.
Mais le dépôt d'alertes conduit vite à une dangereuse passivité, à un attentisme fatal si vous vous limitez à cette seule méthode. Ce n'est qu'un **complément à d'autres actions**.

Conclusion

Déposer des CV sur des sites n'est qu'un complément à d'autres stratégies. Cette approche suscite beaucoup d'espoirs mais aussi beaucoup de déceptions.

ENVOYER DES CANDIDATURES SPONTANÉES

Cette méthode, négligée à tort par bien des chercheurs d'emploi, est **particulièrement efficace**.

Encore faut-il s'entendre sur le terme « candidature spontanée ». Déposer une candidature sur l'un des sites évoqués plus haut, y compris les sites d'entreprises, n'est pas une candidature spontanée, c'est une bouteille à la mer dont les chances de succès sont minces.

Une candidature spontanée s'envoie à des entreprises qui n'ont pas publié d'offre, mais dont on pense qu'elles peuvent constituer des cibles crédibles en raison de leur secteur d'activité ou de leur taille. Autrement dit, une candidature spontanée s'envoie presque au hasard, à une quantité d'employeurs qui ont de fortes chances de ne pas être intéressés et de la mettre à la poubelle.

L'idée peut sembler saugrenue mais nous verrons qu'elle présente de multiples avantages.

MÉTHODE

Comme nous l'avons mentionné plus tôt, une candidature spontanée est une vraie candidature composée d'une lettre et d'un CV que vous enverrez **toujours par courrier**, **jamais par e-mail**. En effet, dans une entreprise, un responsable peut recevoir 30 à 50 e-mails par jour ; une candidature n'étant pas une urgence, elle attendra le lendemain. Mais le lendemain, autant d'autres e-mails arriveront et votre candidature sera vite perdue au fin fond de la messagerie. Au contraire, une candidature envoyée par courrier va demeurer physiquement visible sur le bureau du destinataire ; même s'il ne la lit pas le jour même, il l'examinera plus tard.

Bien entendu, cette lettre qui arrive comme un cheveu sur la soupe a de grandes chances de finir au panier ; la déperdition est énorme. Nous vous rappelons, par conséquent, qu'il ne sert à rien d'envoyer une candidature de temps en temps : il faut en envoyer **une trentaine par semaine** pendant au moins 2 à 3 semaines. Notre expérience montre qu'une vague de candidatures déclenche généralement des réponses, le plus souvent vite suivies d'effet. Si une entreprise, qui n'avait pas publié d'offre, vous appelle, c'est que votre profil a vraiment accroché le lecteur et vos chances de succès sont excellentes.

▶ CIBLAGE

Il vaut mieux éviter d'envoyer une candidature spontanée à la direction des ressources humaines qui a de tout autres objectifs de recrutement. Noyée parmi toutes ces autres candidatures, elle apparaîtrait immédiatement comme une candidature de « touriste » (voir page 137). Chaque fois que c'est faisable, vous devez l'envoyer à un **responsable opérationnel** (directeur commercial, directeur de la production, responsable de laboratoire, etc.). Dans une PME, envoyez votre candidature au directeur de l'entreprise lui-même.

Pour la recherche de cibles, reportez-vous en page 100.

Songez aussi que les offres d'emploi publiées au cours des semaines écoulées dans un domaine connexe à celui que vous recherchez sont de précieuses sources d'information.

Exemple

Imaginons que vous cherchiez un emploi d'« Agent de maintenance électrotechnique ».

Au fil des semaines, notez, sans y répondre, toutes les offres d'emplois concernant des postes en électrotechnique, électromécanique, câblage d'armoires électriques, les offres relatives à des ponts roulants, des machines industrielles et toute recherche pour un opérateur industriel, etc.

Toutes les entreprises qui ont publié ces offres ont des appareillages électriques et feront d'excellentes cibles pour l'envoi de vos candidatures spontanées, d'autant plus que vous disposerez ainsi de toutes les coordonnées du recruteur et pourrez lui envoyer votre courrier sans passer pour un « touriste » puisque vous ne répondez à aucune des offres dont vous avez extrait les informations utiles.

▶ COMMENT CES CANDIDATURES FONCTIONNENT-ELLES ?

Sur 50 lettres que vous enverrez, presque toutes iront immédiatement à la poubelle !

Mais si 2 ou 3 lettres retiennent l'attention du destinataire, vous ne serez **en concurrence avec personne**. Vous aurez les meilleures chances d'être convoqué à un entretien. Nous connaissons des personnes qui ont obtenu des rendez-vous et ont été embauchées en moins de deux semaines.

Mais pour cela, vous devrez envoyer des flots de lettres. Aussi déconseillons-nous cette méthode aux personnes qui recherchent un métier rare, ne concernant que peu d'employeurs.

AVANTAGES ET INCONVÉNIENTS

Notre expérience montre que cette méthode donne d'excellents résultats. Mais, en dessous de 20 à 30 lettres par semaine, elle perd en efficacité. Il faut donc disposer de fichiers de cibles très richement pourvus.
Répondre à une offre d'emploi engendre toujours du stress parce que, même inconsciemment, un candidat espère une réponse positive. À l'inverse, les candidatures spontanées n'engendrent que peu de stress car le candidat n'est pas en position d'attente. C'est une méthode nerveusement moins usante, bien adaptée aux chômeurs de longue durée.

Conclusion

C'est une méthode que nous conseillons fortement.
Elle permet aux seniors d'éviter la discrimination sur leur âge (in « *Être chômeur aujourd'hui* », Bernard Legrand, L'Harmattan, 2012).
Il est recommandé de maîtriser la fonction « publipostage » du traitement de texte.

FAIRE JOUER LES RÉSEAUX

Nous avons souvent entendu « *Faites jouer votre réseau ; parlez-en à vos voisins, à vos amis* » ! Cette recommandation est loin d'être absurde mais elle a des limites car Il y a « réseau » et « réseau ».

TROUVER LE BON CONTACT

Il y a les contacts personnels directs et il y a les contacts dérivés par le truchement d'intermédiaires.

Exemples

Dans son domaine d'activité, un commercial itinérant ou un responsable des achats peut jouer sur son carnet d'adresses et activer des contacts directs.

Un boulanger, qui exerce son métier de manière plus solitaire, peut s'adresser à son minotier qui a des relations régulières avec de très nombreux autres professionnels.

Un jeune qui débute dans la vie n'a le plus souvent aucun réseau de relations professionnelles mais peut faire relayer sa recherche par des parents, des relations nouées dans un club et bien entendu par sa Mission locale, dont c'est l'un des rôles.

Mais il faut savoir faire le tri parmi les contacts indirects.

Exemple

Un spécialiste des réseaux informatiques peut parler de sa recherche d'emploi à un voisin ou à un proche, puisque de nos jours tout le monde ou presque connaît quelqu'un qui « travaille dans l'informatique ». Mais le mot « informatique » recouvre tant de métiers différents que ce voisin risque de mettre notre chômeur en contact avec une société de développement web, un métier totalement différent du sien. Multiplier pareilles déconvenues peut s'avérer rapidement décourageant.

▶ TENIR LE BON DISCOURS

Une fois un contact identifié, il faut l'aborder habilement et ne pas le faire fuir. Il y a peu de crainte à avoir lorsqu'il s'agit d'un contact personnel direct mais, vous adresser à une personne que vous ne connaissez pas pour lui demander du travail, c'est courir le risque qu'elle se referme immédiatement. Adoptez une approche plus en finesse, comme ci-après.

Exemple

Sachant que je cherche un emploi, mon amie Karen profite de ce qu'elle organise un barbecue pour me présenter un chef d'entreprise ; pourquoi ne pas tenter ma chance ?

Si je demande frontalement du travail à cette personne, je la mets dans l'embarras. Parce qu'elle est venue pour un barbecue amical, pas pour subir des sollicitations. Et si elle n'a rien à m'offrir, par égard pour Karen, il lui sera difficile de se dérober. J'opte donc pour une approche plus douce :

« Karen m'a dit que vous aviez de nombreuses connaissances dans les entreprises de la région. Je cherche du travail dans la maintenance de pompes industrielles ; avez-vous en tête les noms de personnes qui pourraient être intéressées par mon expérience ? ».

Mon interlocuteur n'est pas dupe et devine le motif de ma démarche mais je ne lui demande pas directement du travail, je ne l'oblige à rien, il n'a donc aucune raison de se refermer.

Trois cas se présentent alors :

- il n'a pas de besoins en ce domaine, ni ne connaît personne qui puisse en avoir. Il peut décliner poliment ma requête sans que ni l'un ni l'autre ne ressentions le moindre embarras ;
- il n'a pas de besoins mais me donne les coordonnées d'une ou deux de ses connaissances en m'invitant à les appeler de sa part. Cela me permettra de franchir tous les barrages téléphoniques… c'est ce que je peux espérer de mieux ;
- enfin, on ne peut exclure le coup de chance qui n'arrive hélas que rarement : mon interlocuteur cherche justement une personne dans mon domaine et me propose d'en reparler lors d'un rendez-vous plus approprié.

Comme toujours, cela se prépare et il faut être capable de soutenir à l'improviste un entretien professionnel sans pouvoir s'aider du moindre CV : il faut être synthétique et très clair.

▶ RÉSEAUX SOCIAUX

Nous ne parlerons pas ici des réseaux à usage de communication privée comme Facebook ou Google+ mais de réseaux à usage professionnel. Les plus connus sont Viadeo, parfaitement adapté aux recherches sur le marché francophone, et LinkedIn, très intéressant pour qui cherche une carrière internationale, mais il en existe bien d'autres comme Xing (qui couvre l'Europe), Salezeo (pour les professionnels de la vente) et il s'en crée régulièrement d'autres.

La vocation initiale de ces réseaux sociaux n'est pas la recherche d'un emploi mais celle de **contacts professionnels** en vue de générer des affaires. Avec le temps, maints utilisateurs ont compris l'intérêt qu'ils pouvaient en tirer pour mettre en valeur leur profil et s'attirer des propositions d'emploi.

Mais se mettre en valeur est tout un art qui demande un juste équilibre entre l'affichage d'une image positive et attrayante qui ne tombe ni dans l'arrogance ni dans l'excès de modestie. De surcroît, on ne peut pas dire « *Aidez-moi, s'il vous plaît* » sans soi-même aider les autres ; un art de funambule !

La mise au point et le réglage d'un tel profil nécessitent un long travail. Puis, ce profil doit circuler et se répandre auprès des autres membres et cela demande aussi un travail constant et une présence assidue. **Un réseau social n'est pas un site de recrutement**.

On le devine car, avant que cet investissement ne débouche sur un contact, il peut s'écouler plusieurs mois, voire plus d'un an, et cela devient un temps considérable pour qui a des besoins financiers immédiats.

En revanche, pour qui a un emploi et n'est pas dans l'urgence, ces outils de veille peuvent être précieux pour sentir les tendances porteuses et récolter, qui sait, des offres intéressantes.

Les réseaux sociaux professionnels sont surtout profitables aux personnes qui ont déjà une bonne expérience dans leur spécialité.

AVANTAGES ET INCONVÉNIENTS

« *Faites fonctionner votre réseau* » est un conseil répété par des personnes qui doivent à leur métier de conseil d'avoir un réseau de connaissances. Mais tout le monde n'a pas de réseau et ce conseil frise parfois le ridicule.

Oui, si vous êtes déjà référencé sur un réseau social, vous pouvez y faire explicitement mention de votre recherche, mais n'en attendez aucun effet immédiat.

Non, ce n'est pas au moment où vous venez de perdre votre emploi que vous allez soudain ouvrir un compte sur tel ou tel réseau et commencer pour la première fois à en explorer l'usage professionnel : ce serait une énorme perte de temps pour un résultat décevant à court terme.

Conclusion

Oui, informez toute personne pouvant relayer votre recherche, mais avec discernement.
Oui, servez-vous des réseaux sociaux où vous êtes déjà présent. **Mais** n'attendez pas trop de cette démarche et continuez à chercher par des voies classiques.

QUELQUES MÉTHODES ATYPIQUES

INTÉRIM

Le travail temporaire, ou intérim, est une piste intéressante pour les jeunes qui peuvent, au fil de missions courtes mais diversifiées, se frotter à différentes manières de pratiquer leur métier. Ainsi, ils engrangent de l'expérience, leur CV s'enrichit et gagne en attractivité. C'est un tremplin souvent décisif pour décrocher un CDI.

L'intérim est aussi parfois la bouée de secours des seniors que personne ne veut plus embaucher et qui trouvent là le moyen de s'assurer des revenus, de diversifier leurs compétences, tout en nouant un réseau de nouveaux contacts bien utiles.

Par ailleurs, certains employeurs devenus frileux rechignent à proposer des emplois fermes ; ils estiment que la période d'essai est trop courte et insuffisante pour juger valablement un nouvel employé. Aussi certains se tournent-ils vers les entreprises de travail temporaire (ETT) pour prendre une personne en intérim et se donner tout le temps d'en mesurer l'employabilité.

La pratique est devenue si courante que vous pouvez en jouer habilement, sous réserve que vous soyez **déjà connu** et apprécié d'une ETT. Au cours de vos recherches d'emploi, vous pouvez suggérer à une entreprise qui hésite : « *Testez la valeur de ma candidature sans prendre de risque. Je suis connu de l'agence Untel, confiez-moi une mission en intérim et prenez tout le temps qu'il faudra pour évaluer la pertinence d'une embauche ferme, cela ne vous engage à rien* ». C'est un discours qu'un employeur peut entendre et l'agence d'intérim sera ravie que vous lui apportiez une mission.

Enfin, depuis peu, les ETT peuvent signer des **CDI intérimaires** ; cette petite révolution leur donne une nouvelle légitimité. Voici en quoi cela consiste.

Lorsque des entreprises ont des besoins en personnel mais ne peuvent embaucher un salarié à plein temps, elles peuvent se tourner vers une ETT qui mettra à leur disposition un employé qui partagera son temps entre plusieurs entreprises similaires. L'agence signe un CDI à cet employé et fait en sorte que les missions s'enchaînent avec une régularité suffisante pour le bien de tous, sachant qu'entre deux missions, l'employé continue d'être payé. Cette pratique, bien encadrée par la loi, offre de nouvelles perspectives :

- les entreprises peuvent ajuster la durée des missions à leurs besoins et ont la certitude de retrouver chaque fois le même intérimaire qui connaît l'entreprise et ses méthodes ;
- doté d'un CDI, l'employé a une bonne sécurité et a plus de facilités pour louer un appartement, acheter une voiture ou contracter un emprunt ;
- il sait qu'il sera rémunéré pendant les intermissions ;
- s'il a plusieurs cordes à son arc, il peut exercer ses différentes qualifications dans différentes entreprises et bonifier ainsi son parcours.

Conclusion

Le CDI intérimaire est une **excellente opportunité** que vous pouvez exploiter mais à plusieurs conditions :

- vous devez être mobile dans un rayon qui peut atteindre 50 km ;
- vous devez avoir déjà fait la preuve de vos compétences, de votre fidélité et de votre régularité auprès de l'agence d'intérim qui vous prendra en charge.

Le passage par les entreprises de travail temporaire est une **méthode comme une autre** pour accéder à l'emploi. Il impose aux candidats les mêmes efforts que pour toute autre candidature (avoir un bon CV, un bon discours, une présentation appropriée) mais il délègue à l'ETT cette tâche très ardue qui consiste à rechercher et convaincre des employeurs potentiels ; c'est un avantage considérable.

ATTAQUE COMMANDO

Nous avons déjà détaillé cette méthode d'accès à l'emploi au chapitre 3 (page 97).

Nous recommandons cette méthode aux profils exceptionnels, aux personnes dont les compétences sont rares.

Insistons sur le fait que pareille approche est toujours orientée vers le **futur**, vers un **projet que vous proposez** de mener à bien en étroite connivence avec la direction d'une entreprise ou de l'une de ses grandes directions opérationnelles.

Ne vendez pas votre passé (donc **pas de CV**) mais vantez quelques réalisations probantes.

Votre projet doit être assez ambitieux pour allécher un décideur.

Préparez très minutieusement les entretiens qui peuvent en découler ; aucune approximation ou maladresse ne vous sera pardonnée.

▶ ÉVALUATION DES PROJETS PROFESSIONNELS

Cette approche s'adresse plutôt à ceux qui ont des responsabilités managériales, des activités de conseil ou de développement, à un moment où ils changent d'orientation ou se reconvertissent, que ce soit de leur plein gré ou non.
Si tel est votre cas, il vous faut dans un premier temps élaborer deux voire trois projets professionnels, présentés en peu de mots, chacun en une seule page, comme l'exemple proposé à la fin de ce chapitre, page 153.
Ensuite, vous devrez chercher deux ou trois personnes en vue de leur présenter ces projets professionnels afin qu'ils les critiquent et les évaluent. Il importe donc que ces personnes aient un vécu étoffé, diversifié, qu'elles aient de la hauteur de vue et soient dans une disposition d'écoute tout à la fois critique et empathique. Il n'est pas nécessaire en revanche qu'elles aient une connaissance du secteur d'activité vers lequel vous souhaitez vous orienter.
Ces personnes agiront comme « évaluateurs » chargés d'estimer la crédibilité des projets que vous leur soumettrez. Cela ne leur prendra qu'une heure à une heure et demie d'entretien.

> Si vous êtes épaulé par un conseiller, demandez-lui de chercher pour vous des « évaluateurs » qu'il connaît bien et qui ont sa confiance.
> Vous pouvez aussi chercher des « évaluateurs » par vos propres moyens, à condition que ce soit en dehors de votre cercle de relations. Vous devrez donc **démarcher des inconnus**, une tâche fort ingrate, seulement facilitée par le fait que vous ne leur demandez pas un emploi mais juste un regard, un ressenti.

Conduite de la démarche

Vous rencontrerez vos évaluateurs à quelques jours d'intervalle les uns des autres, de telle sorte que vous puissiez infléchir votre démarche entre chaque entretien.
Ne leur envoyez **surtout pas** à l'avance ni vos projets ni votre CV ; ce n'est pas le but.

Lors du rendez-vous avec un évaluateur, après avoir rappelé le sens de votre démarche, remettez-lui vos projets professionnels et laissez-lui le temps de les lire tous, sans faire aucun commentaire.
Lecture faite, une discussion s'engagera, projet après projet, sachant que bien souvent l'évaluateur commencera par le projet qui a le mieux retenu son attention.

Il vous faudra aborder les points suivants :

- Ce projet est-il compréhensible par un tiers non-averti ? Est-il clair ?
- Est-il crédible, susceptible d'intéresser une entreprise ? Est-il viable ?
- La manière dont vous avez présenté et défendu votre projet est-elle crédible et convaincante ?
- Quels sont les points forts qui ont retenu l'attention de l'évaluateur ?
- À quels points faibles devez-vous impérativement remédier ?

Il n'est pas rare que l'un des projets soit rapidement écarté, soit parce que l'évaluateur ne se sent pas compétent, ce qui est normal, soit parce que ce projet n'a pas capté son attention. Ce dernier cas doit vous alerter car des employeurs pourraient avoir les mêmes réticences.

Une fois l'échange terminé, il faut demander à l'évaluateur :

- Quel est le projet qui l'a le plus convaincu, celui que vous avez le mieux défendu ?
- Peut-il donner le nom d'une ou deux de ses connaissances qu'il croit susceptibles de jouer le même rôle dans les semaines à venir, ou qui pourraient être intéressées par l'un des deux projets, non plus comme évaluateur mais comme possible employeur ?

Il est rare qu'un évaluateur ne fournisse pas au moins une introduction quelques jours après, si ce n'est le jour même.

Vous l'avez bien compris, le but de cette démarche est multiple :

- infléchir, ou abandonner si nécessaire, un projet qui pourrait ne pas rencontrer d'écho ;
- améliorer la présentation du ou des projets retenus, tant à l'écrit qu'à l'oral ;
- vous valoriser à vos propres yeux, en vous confortant dans votre démarche. C'est tout particulièrement important pour vous redonner confiance si vous êtes chômeur de longue durée ;
- constituer un embryon de réseau de personnes auprès desquelles faire ultérieurement un travail de prospection, ou même faire acte de candidature.

Et après ?

Même si cela peut arriver, le but de cette opération n'est pas d'accéder directement à un employeur mais de construire un projet qu'il sera possible de défendre ensuite.

Par conséquent, au sortir de cette étape, un triple travail s'impose à vous :

- rééquilibrer et hiérarchiser votre CV pour valoriser les points qui confortent vos projets ;
- réécrire vos lettres de candidature en vous inspirant des atouts que votre évaluateur a pu identifier lors de la discussion ;
- travailler votre communication orale pour accentuer vos points forts.

Ce n'est qu'après ce travail que vous pourrez mettre en œuvre les méthodes de recherche décrites dans ce chapitre.
Longtemps après, lorsque vous aurez trouvé un emploi, nous espérerons que vous aurez à cœur de jouer à votre tour le rôle d'évaluateur pour des personnes en recherche d'emploi.

Un exemple authentique

Salvatore Sadé, 57 ans, cadre dans une entreprise de conseil en organisation, est en recherche d'emploi depuis plus de 18 mois suite au dépôt de bilan de son employeur.
Il a préparé trois projets professionnels en vue de les soumettre à deux évaluateurs.
Vous trouverez, page suivante, l'exemple de son projet n° 2, tel qu'il l'a réellement présenté :

- le projet est présenté de manière très condensée et très basique. Le but est de juger le fond sans être influencé par la forme ;
- l'objectif du projet doit être clairement énoncé, en titre. Il peut être suivi par un bref argumentaire visant à expliquer les avantages qu'une entreprise peut retirer d'un tel projet (Salvatore l'a fait mais c'est facultatif) ;
- puis il faut désigner la ou les cibles visées. Vous pouvez donner des noms d'entreprises à titre d'exemple (ce n'était pas nécessaire dans le cas de Salvatore) ;
- vient ensuite la liste des actions qu'il convient de mener à bien pour donner vie à ce projet ;
- le dernier paragraphe énonce les réalisations qui accréditent la légitimité du candidat pour relever les défis qu'il a lui-même recensés.

Phase de Validation

Projet Professionnel N° 2 - Pour évaluation

Salvatore Sadé - 2017

1 - Objectif **Cartographier et décloisonner les connaissances des entreprises**

Avantages attendus Le cloisonnement des connaissances et les lacunes dans la communication interne d'une entreprise peuvent engendrer :

- Des dysfonctionnements, des accidents, le mécontentement de clients, etc.
- Des redondances stériles entre différents services.
- Le gaspillage de la veille concurrentielle et technique.
- Un recours excessif ou injustifié à la sous-traitance.

2 - Cible : **Grands comptes du secteur industriel** (prioritairement)

Plus précisément Direction Générale, Directions de l'Organisation, de la Production, éventuellement Direction Commerciale.

Contributeurs DRH ; Service de la Formation ; Direction de la Communication

3 - Actions à mener

- Implanter des logiciels pour susciter une collecte **spontanée** de la connaissance individuelle. Chaque employé doit pouvoir en tirer un avantage **direct**, qui le motivera.
- Relier les informations individuelles et exploiter leurs connexions pour favoriser le décloisonnement entre personnes, services, projets, directions, etc.
- Cartographier (recenser, classifier, relier) la connaissance de l'entreprise.
- Harmoniser et diffuser une terminologie commune au travers de groupes de normalisation. Assurer sa diffusion interne via un intranet, et le journal d'entreprise.
- Faciliter sa transmission entre personnes, pour faire face au temps partiel, au télétravail, à l'intérim, aux départs en retraite, ou lors d'un rapprochement d'entreprises, etc.
- Assurer sa pérennité par des techniques d'intelligence artificielle.

4 - Mon Expérience

- Douze ans de pratique en organisation des systèmes d'information stratégiques.
- Pilotage de projets complexes impliquant des contributions individuelles très diverses.
- Maîtrise d'un logiciel de cartographie et connectique de l'information.
- Analyse de comptes rendus d'interviews à l'aide d'outils logiciels.
- Trente ans d'expérience de la formation en entreprise.
- Conduite de groupes de *Problem solving* ; coaching d'équipes d'intervention.
- Expérience des relations commerciales et de la négociation.

6

Kit de survie

Préserver son moral et sa combativité

Délais et dégâts

p. 156

- Débuts chaotiques
- La « grande glaciation »
- Une prise en charge tardive

Les clés de la résistance

p. 158

- Multipliez les méthodes de recherche
- N'attendez jamais de réponse
- Soyez toujours prêt, anticipez sans cesse
- Ne cherchez pas la candidature parfaite
- Ne vous nourrissez jamais de rêves
- Postulez sans relâche
- Ne regrettez jamais vos choix

DÉLAIS ET DÉGÂTS

UNE PRISE EN CHARGE TARDIVE

Certains chercheurs d'emploi envoient des candidatures, obtiennent aussitôt un entretien et signent dans la foulée un CDI pour un emploi intéressant ; tout cela en une seule semaine !
Même si pareil dénouement sourit parfois à quelques rares personnes, vous savez bien que ce n'est pas le cas le plus fréquent ; il faut des semaines, des mois et parfois des années pour trouver un emploi. Actuellement, la durée moyenne d'inscription au chômage est un peu supérieure à 12 mois, selon les chiffres fournis par Pôle emploi qui ne comptabilise pas les innombrables laissés pour compte qui ne sont plus suivis du tout par cet organisme.

Ce temps est en partie imputable au délai qui s'écoule entre l'inscription d'une personne au chômage et le moment où elle a un **véritable entretien de fond** destiné à faire un tour d'horizon de son profil et de son passé, définir un projet professionnel crédible, faire le point de ses recherches et mettre en place une stratégie de conquête. Un entretien souvent bien trop bref pour faire convenablement tout ce travail.

Cette période de totale vacuité du Service public de l'emploi est actuellement d'environ 4 mois avec de grandes disparités, parfois beaucoup plus longue.

DÉBUTS CHAOTIQUES

Pendant ce temps, un chercheur d'emploi est livré à lui-même, à ses intuitions quelquefois erronées, aux conseils de tiers souvent mal informés ou aux conseils contradictoires glanés sur Internet.

Quand cette personne sera enfin prise en charge, ce sera, dans le meilleur des cas, au rythme d'une demi-heure d'entretien par mois, là où il faudrait deux fois deux heures. Le résultat de ces lacunes est bien connu : les personnes qui réclament notre aide confient qu'elles cherchent, sans véritable stratégie, en répondant à quelques offres d'emploi par-ci par-là, le plus souvent sans succès.
C'est long, très long, beaucoup trop long.

Quiconque perd son emploi doit en faire le deuil, un deuil dont la durée dépend beaucoup du nombre de mois ou d'années passés dans cet emploi et des conditions de la rupture ; un dépôt de bilan ou un plan social laissent

des cicatrices profondes et durables. Il s'ensuit une période pendant laquelle le chômeur n'est pas en mesure de consacrer à son rebond toute l'énergie souhaitable.
Quand, enfin, il entame des recherches, c'est souvent de la manière brouillonne et inefficace décrite plus haut et les conséquences de ces recherches chaotiques peuvent devenir dramatiques.

LA « GRANDE GLACIATION »

À force d'envoyer des candidatures qui ne reçoivent aucune réponse ou des réponses stéréotypées de pure convenance, une lassitude mortifère s'installe. Voici seulement un mois, notre chômeur aurait répondu avec empressement à toute offre d'emploi correspondant vaguement à son profil ; aujourd'hui, après maints échecs, cette même offre lui semble soudain moins attractive : « *À quoi cela servirait-il que je réponde, si c'est pour essuyer un refus de plus ?* »

L'évolution est lente et insidieuse mais il vient un moment où le chercheur d'emploi écarte d'un redoutable « *à quoi bon ?* », les unes après les autres, toutes les opportunités qui se présentent à lui.
Notre malheureux « aquoiboniste » (in « *Et si je m'aimais enfin* », Sylvie Protassieff, Eyrolles, 2015) ne répond plus aux offres d'emploi, ni n'envoie de candidatures spontanées qui lui semblent vouées à l'échec. Faute de candidatures, il ne reçoit aucune réponse, ce qui le conforte dans l'idée qu'il n'a aucune chance de s'en sortir. Le voici piégé, tombé dans un cercle vicieux !
Ceci ne touche pas seulement les jeunes qui entrent sur le marché du travail sans en connaître les pratiques, mais aussi toutes les personnes qui ont fait leur carrière sans avoir jamais eu à chercher un emploi et doivent soudain en chercher un à 45 ans sans avoir la moindre connaissance du marché de l'emploi, et que les recruteurs classent le plus souvent dans la catégorie « senior », très peu prisée.
Une fois englué dans ce cercle vicieux que nous appelons la « grande glaciation » (in « *Être chômeur aujourd'hui* », Bernard Legrand, L'Harmattan, 2012), il serait très difficile à une personne isolée de se relever seule. Le recours à un conseiller averti est souhaitable.

Conseiller

C'est **dès le début de votre accompagnement** qu'il vous faut insuffler aux chercheurs d'emploi quelques réflexes salvateurs, quelques consignes d'hygiène mentale pour éviter qu'ils ne tombent un jour dans ce terrible enlisement. Donnez-leur les moyens de résister à une traversée du désert dont nul n'est jamais à l'abri.
Votre rôle est décisif, votre aide peut s'avérer salutaire.

Ce sont ces conseils que vous trouverez dans les pages qui suivent ; pour leur donner plus de force, nous en présentons certains à la première personne.

LES CLÉS DE LA RÉSISTANCE

MULTIPLIEZ LES MÉTHODES DE RECHERCHE

Ce point a été largement développé en pages 134 et suivantes.

L'inexpérience ou au contraire les succès remportés par une unique méthode de recherche peuvent conduire à réduire son champ d'action à cette seule technique de recherche ; nombreux sont les chercheurs d'emploi qui se contentent de répondre à des offres d'emploi. Répétons-le : c'est la **conjugaison de multiples techniques de recherche d'emploi qui donne les meilleurs résultats**.

N'ATTENDEZ JAMAIS DE RÉPONSE

La plupart des chercheurs d'emploi s'étonnent et s'irritent de ne pas recevoir de réponses à leurs candidatures ; ils prennent cela pour une marque d'indifférence voire de mépris et à la longue cela engendre une frustration parfois lourde à porter.

Exemple

Mettons-nous dans la peau d'un garagiste qui cherche à embaucher un troisième mécano ; à n'en pas douter, il va recevoir plusieurs dizaines de candidatures. Mais, il consacre ses soirées à commander les pièces de rechange, régler son planning du lendemain, collecter ses pièces comptables et se plier à de multiples obligations administratives. Il ne peut pas consacrer trois heures à rédiger 30 à 40 lettres pour exprimer ses regrets aux candidats qui n'ont pas été retenus pour ce poste.

Or, ce n'est pas l'absence de réponse qui engendre le stress, c'est la **crainte de ne jamais avoir de réponse positive**. Tournez le dos à ce qui est négatif (« *je n'ai pas de réponse* ») pour vous concentrer sur ce qui est positif : « *Je suis capable de trouver si je continue à chercher* ».

CONSEILS

Attendre une réponse à chacune de mes candidatures ne servirait qu'à serrer encore plus fort la crampe qui me noue l'estomac ; c'est un fait que je dois accepter sans aigreur.
J'applique donc une règle simple : sitôt une candidature envoyée, je fais comme si je l'avais jetée à l'égout. Je me dépêche de l'oublier.
Je n'ai alors plus aucune raison d'attendre fébrilement le mail ou le coup de téléphone libérateur et je peux me consacrer à la seule chose qui soit importante : envoyer d'autres candidatures !

SOYEZ TOUJOURS PRÊT, ANTICIPEZ SANS CESSE

Ne focalisez pas toute votre attention sur les candidatures déjà envoyées mais si par bonheur une entreprise vous appelle, soyez prêt à faire face immédiatement à toutes les étapes qui vont suivre :

- répondre de manière positive et attractive à l'appel du recruteur ;
- être capable d'organiser très vite un rendez-vous ;
- être prêt à dérouler une présentation orale irréprochable.

Ces points déjà exposés au chapitre 4 doivent être anticipés longtemps à l'avance.

NE CHERCHEZ PAS LA CANDIDATURE PARFAITE

Parfois, un doute s'immisce dans l'esprit d'un candidat : a-t-il **vraiment tout fait** pour rendre sa candidature alléchante ? S'il est légitime qu'il se pose cette question, cela devient parfois une obsession qui l'enferme dans le piège de ne plus envoyer aucune candidature, au prétexte qu'il ne la trouve jamais assez bonne. Ceci touche tout particulièrement les seniors très qualifiés.

CONSEILS

Chercher à améliorer sa candidature est une source de progrès ; bravo !
Mais la candidature parfaite n'existe pas ; la chercher sans cesse est un piège mortel !
Le temps passé à personnaliser outrageusement une unique candidature eût été mieux employé à envoyer vingt candidatures correctes mais standardisées. L'expérience montre que le rendement est infiniment meilleur.

NE VOUS NOURRISSEZ JAMAIS DE RÊVES

Nous avons tous eu, à un moment de notre vie, un coup de cœur pour un emploi dont la description laissait entendre que nous étions faits pour ce poste… et nous nous sommes mis à rêver !
« *Ce poste est fait pour moi, je connais à merveille ce travail, je sais en parler, j'ai des quantités d'idées, et je surclasserai tous les autres postulants* ».
L'ennui, c'est que 30 ou 40 autres candidats, qui n'étaient pas moins crédibles, avaient eu la même sensation et avaient envoyé leur candidature en même temps que nous.
C'est pourquoi les rêves de ce type sont dangereusement démobilisateurs. Quiconque croit que l'une de ses candidatures a toutes les chances d'aboutir cesse d'être réactif aux autres opportunités qui se présentent et baisse sa garde parfois au point de cesser totalement de postuler à toute autre offre d'emploi, jusqu'à ce qu'une réponse lui parvienne ; danger !

CONSEIL

Quelle que soit l'apparente convergence entre mon profil et une description de poste, je sais que ce n'est qu'un mirage ; je reste un candidat parmi beaucoup d'autres.
Je continue mes recherches sans trêve ni repos.

Cette approche stoïcienne m'évitera de m'écrouler si jamais je n'étais pas retenu pour ce poste.
Une histoire vécue vous aidera à mieux cerner les effets démobilisants d'un excès de confiance.

Exemple

Amandine exulte : un courtier en assurances intéressé par sa candidature lui a fixé rendez-vous pour la fin de la semaine prochaine. Lassée par des mois de vaines recherches, elle s'accorde un peu de détente jusqu'au jour du rendez-vous. *Première erreur.*

Dix jours après, elle revient enchantée de son entretien. Le contact a été excellent et, aux dires du courtier, elle est la meilleure candidate qu'il ait reçue. Il doit encore en voir d'autres, puis la recontactera dans deux semaines environ. Elle sent que cela va marcher, elle en est quasi certaine et elle met en sommeil toutes ses recherches d'emploi. *Seconde erreur.*

…

Deux semaines après, le courtier l'appelle, confirme sa volonté de l'embaucher en CDI et, à cet effet, lui propose de rencontrer le directeur de la société mère, à Lyon. Ce dernier étant en vacances, rendez-vous sera pris à son retour ; elle attend. *Troisième erreur.*
Dix jours se passent, puis encore une semaine. Amandine n'y tient plus et appelle l'agence. La secrétaire lui annonce que le courtier a été remercié et a quitté le groupe. Le directeur de Lyon, aussitôt contacté, déclare qu'il n'était pas informé du projet d'embauche d'Amandine et ne souhaite aucunement y donner suite.
Amandine a laissé filer 6 semaines sans envoyer la moindre candidature ni rester en prise avec le marché du travail. Elle doit repartir à zéro, avec un moral gravement entamé.

Ce n'est pas un cas isolé, Amandine a été piégée par un interlocuteur probablement de bonne foi mais qui n'était pas maître de son propre destin. Dans bien d'autres cas, c'est le candidat lui-même qui s'auto-persuade du succès assuré de sa candidature, sur la seule base de son ressenti ! En dépit de nos mises en garde plusieurs fois réitérées, Amandine a cessé d'envoyer des candidatures et d'assurer le suivi des contacts qu'elle avait initiés. C'est tout simplement suicidaire.
Cela nous ramène une fois de plus au conseil qui suit.

▶ POSTULEZ SANS RELÂCHE

Mon recrutement dans une entreprise peut survenir demain... ou dans six mois ! Vais-je cesser mes recherches en attendant une réponse positive ? Non, bien entendu.

Je continue sans cesse à alimenter le fichier des cibles auxquelles je pourrai ensuite envoyer des candidatures spontanées et je continue à surveiller sans cesse le marché des offres d'emploi.

CONSEILS

Rien n'est jamais acquis jusqu'au jour de la signature d'un contrat de travail.
Je continue donc à postuler sans répit, sans me décourager, en faisant mienne cette maxime surprenante mais ô combien réconfortante des Shadoks (célèbre série télévisée d'animation de Jacques Rouxel, diffusée à partir de 1968) :
« *Plus ça rate, plus on a de chances que ça marche.* »
Je ne cesserai de chercher que lorsque je serai en possession d'un contrat ferme et dûment signé par un employeur.

▶ NE REGRETTEZ JAMAIS VOX CHOIX

Nous avons déjà évoqué ce point en page 128. Il peut vous advenir d'avoir à faire un choix entre une offre ferme pour un emploi qui ne vous convient peut-être pas totalement et d'autres propositions plus attractives mais qui ne sont pas encore concrétisées.
Vous seul êtes en mesure de faire ce choix en fonction de votre situation présente et de vos objectifs.
Mais, quelque temps après cette décision, le contexte peut avoir changé ; ainsi va la vie.
L'emploi que vous aviez accepté n'est pas forcément à la hauteur de vos espoirs. Inutile de nourrir le regret de ne pas avoir attendu, de ne pas avoir forcé le destin pour décrocher un autre emploi, etc.
Prémunissez-vous contre toutes ces pensées qui ne servent à rien, sinon à vous déstabiliser.

CONSEILS

Quelles que soient les conséquences négatives des choix que j'ai faits dans le passé, je n'en ai aucun regret puisque j'ai agi au mieux des informations dont je disposais à cette époque. On ne peut pas relire le passé à la lueur du présent.
J'accueille ces expériences malheureuses comme des éléments positifs qui m'éclaireront et me guideront dans mes choix futurs.

Nelson Mandela ne disait pas autre chose quand il écrivait :
« *Je ne perds jamais : je gagne, ou j'apprends.* »

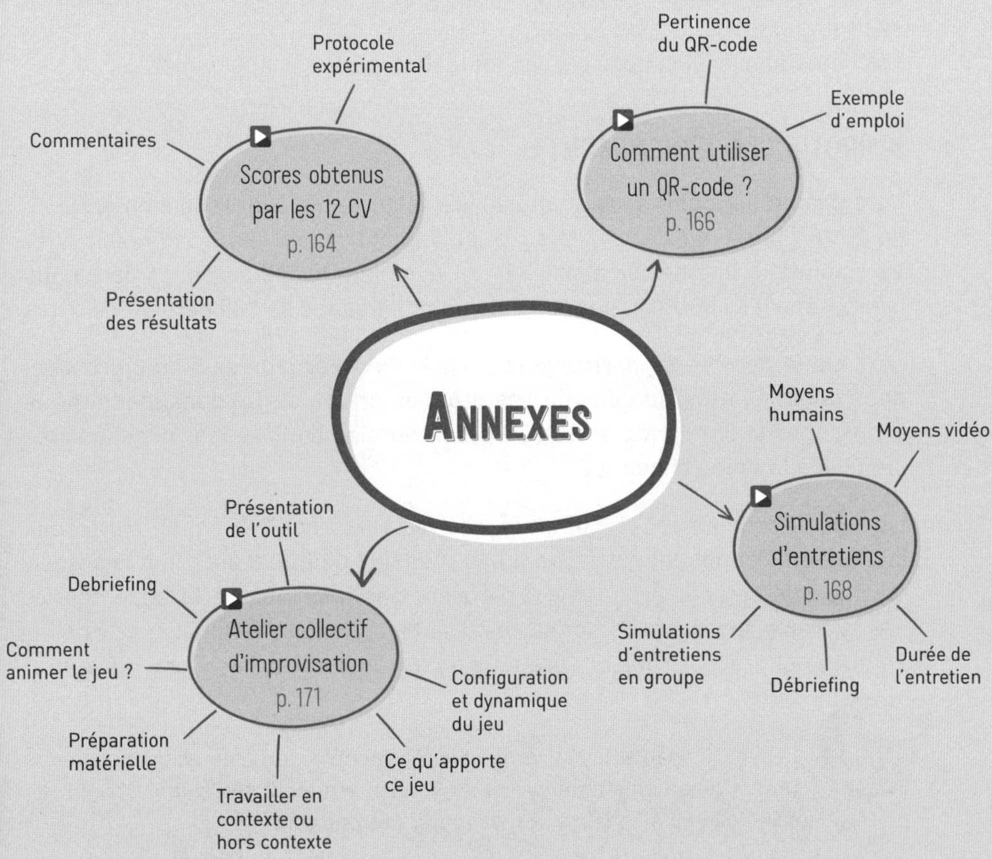
ANNEXES
Scores obtenus par les 12 CV
p. 164
Protocole expérimental
Commentaires
Présentation des résultats
Comment utiliser un QR-code ?
p. 166
Pertinence du QR-code
Exemple d'emploi
Simulations d'entretiens
p. 168
Moyens humains
Moyens vidéo
Simulations d'entretiens en groupe
Débriefing
Durée de l'entretien
Atelier collectif d'improvisation
p. 171
Présentation de l'outil
Debriefing
Comment animer le jeu ?
Préparation matérielle
Travailler en contexte ou hors contexte
Ce qu'apporte ce jeu
Configuration et dynamique du jeu

SCORES OBTENUS PAR LES 12 CV

Il nous a semblé intéressant que vous puissiez comparer les notes (Oui/Non) et les médailles que vous avez attribuées aux 12 CV qui vous étaient proposés aux scores obtenus par cette même typologie de CV au cours de nos multiples expérimentations.
Voici quelques explications sur les méthodes que nous appliquons.

PROTOCOLE EXPÉRIMENTAL

Lors des ateliers que nous animons, les participants sont réunis en groupes de 2 ou 3 personnes, de telle sorte qu'ils confrontent leurs impressions et parviennent à une décision commune. De ce fait, les 100 groupes dont nous présentons les choix reflètent l'opinion d'un peu plus de 280 personnes.

Lorsque le nombre de participants permet de créer plus de 5 ou 6 groupes, nous donnons à un ou deux de ces groupes un jeu de CV dans lequel nous avons, sans le dire, remplacé un CV par sa version bonifiée, parmi celles présentées à la fin du chapitre 3.

Lors du dépouillement en commun, ces versions bonifiées ont de bien meilleures notes et obtiennent souvent une médaille d'or ou d'argent, à la grande surprise des autres groupes qui n'étaient pas informés de la supercherie. Par exemple, alors que personne ne choisit jamais le CV d'Ophélie, sa version bonifiée est presque toujours gratifiée d'un « oui » et parfois d'une médaille.

Conseiller

Les participants découvrent concrètement à cette occasion que le temps consacré à améliorer un CV porte vraiment ses fruits. Obtenir un OUI au lieu d'un NON, ce n'est pas du temps perdu.

Ce subterfuge produit une prise de conscience qui contribue largement à l'implication des participants dans l'amélioration de la qualité des CV qu'ils réalisent par la suite.

Les groupes travaillant sur des CV bonifiés ont été exclus des résultats présentés ci-contre.

PRÉSENTATION DES RÉSULTATS

Dans le tableau suivant, nous vous présentons les résultats de 100 groupes. Pour chaque candidat, nous donnons le pourcentage de personnes qui l'ont gratifié d'un « oui » ou d'un « non ». Ces pourcentages sont calculés sur les nombres de personnes ayant participé aux ateliers, pas sur les nombres de groupes ; pour plus de lisibilité, ils ont été arrondis.
Au centre, une barre foncée indique le pourcentage de « non » et une barre plus claire indique le pourcentage de « oui ».
À droite, deux cases indiquent combien chaque CV a obtenu de médailles d'argent ou d'or.

Scores obtenus par les 12 CV

Candidats		Pourcentages		Médailles	
		% de NON	% de OUI	Ag	Or
Bérénice	Bayanne	49	51	4	2
Diakité	Dombolo	11	89	5	4
Fiona	Fontaine	85	15	1	
Justin	Jalon	2	98	22	43
Louise	Lombard	96	4		1
Mireille	Monavis	29	71	34	13
Nicolas	Niepce	77	23	2	
Ophélie	Osborne	100	0		
Pierre	Pendiculaire	94	6		
Quentin	Quinoa	67	33	4	3
Soizic	Solesmes	5	95	26	34
Thomas	Topistou	83	17	2	

▶ COMMENTAIRES

On remarque vite que certains CV (LL, OO, PP) ne sont quasiment jamais retenus et si certains autres (FF, NN, TT) obtiennent quelques OUI, ces CV n'obtiennent que rarement une médaille. Quand bien même ces candidats enverraient-ils des centaines de CV, leurs chances de succès seraient dérisoires face à d'autres candidats mieux préparés. **Pareils CV doivent impérativement être remaniés**.

À l'opposé, quelques autres CV (DD, JJ, MM, SS) sont rarement rejetés : à eux quatre, ils trustent 172 des 200 médailles attribuées, soit 86 % ! Autrement dit, ils sont quasiment certains d'être conviés à un entretien, étape décisive de leur parcours. Cela mérite d'autant plus réflexion que ces CV peuvent encore être bonifiés (comme DDb, JJb) ; on imagine alors les performances de ces CV améliorés !

▶ COMMENT UTILISER UN QR-CODE

Un QR-Code (*Quick Response Code*) est un code-barres bidimensionnel lisible par un lecteur de codes-barres, une webcam, mais surtout, et c'est ce qui nous intéresse ici, par un smartphone.

▶ PERTINENCE DU QR-CODE

Quiconque a besoin de montrer un savoir-faire qu'aucun simple CV ne saurait décrire peut incorporer un tel QR-Code à son CV. Lisible par n'importe quel smartphone, ce QR-Code renverra à un document disponible sur Internet, que ce soit sur un site privé, un blog, Facebook ou G+, Dailymotion ou YouTube, etc.

Le recruteur qui reçoit un tel CV peut alors scanner ce QR-Code et se faire une idée des réalisations que le candidat souhaite mettre en avant. Mais c'est **à double tranchant** : si la vidéo n'est pas convaincante, le recruteur risque d'éliminer le candidat avant même de l'avoir reçu.
C'est pourquoi, il nous semble préférable que ce soit le candidat qui, au cours de l'entretien, présente lui-même le QR-Code au moment qu'il jugera le plus opportun, pour montrer ce qu'il sait faire.

Il peut ainsi choisir et commenter, parmi plusieurs documents, celui qui lui semble le plus opportun à un moment précis de l'entretien pour répondre à une attente du recruteur.

Le document qui apparaît doit être **très bref**, 2 minutes tout au plus. L'exemple proposé plus loin dure 3 minutes et 30 secondes, c'est déjà bien trop long car, pendant que le recruteur regarde l'écran, il perd le lien visuel avec son candidat, un lien absolument vital. Cette vidéo ou ce document doivent être particulièrement convaincants. Nous vous recommandons d'en tester la pertinence auprès de plusieurs personnes totalement étrangères à votre métier.

EXEMPLE D'EMPLOI

Imaginons un dessinateur d'animation ayant contribué en 2013 à l'élaboration du clip de Lily Allen « *Somewhere only we know* » pour la marque John Lewis. Il pourrait mettre en valeur son savoir-faire en créant un lien avec l'URL *http://www.youtube.com/watch?v=mer6X7nOY_o* comme suit :

1. Dans Google, recherchez : QRCode generator
2. Activez l'un des produits proposés, par exemple : *http://fr.qr-code-generator.com*
3. Dans le cadre réservé à cet effet, copiez l'URL vers laquelle vous voulez renvoyer le lecteur. Dans notre cas : *http://www.youtube.com/watch?v=mer6X7nOY_o*
4. En cliquant sur « Créer un code QR », vous verrez apparaître l'image ci-contre :
5. En cliquant sur « Télécharger », enregistrez-la sur votre ordinateur.
6. Copiez/collez l'image obtenue là où elle sera utile dans l'une des rubriques de votre CV ou dans un document annexe. Une image de 1 à 1,2 cm de côté est suffisante.
7. Installez sur votre smartphone un lecteur de QR-Codes (par exemple, pour un téléphone Android : QR Extreme).
8. Testez si votre code peut être lu et ouvre bien le document que vous avez choisi.
9. Selon l'URL choisie, il se peut que vous ayez à sauter une annonce publicitaire insérée par le site hébergeant le clip. Entraînez-vous à le faire avant d'être devant le recruteur.

Conseiller

Les pages qui suivent sont destinées aux conseillers.

SIMULATIONS D'ENTRETIENS

Les simulations d'entretiens vous permettent de travailler sur de multiples aspects concernant le candidat : comportement, gestuelle, capacité d'écoute, réactivité au dialogue, élocution, pertinence du discours.

Notre expérience montre que les candidats qui ne se sont pas préparés à prendre la parole ne tirent pas de cet exercice tout le bénéfice qu'on est en droit d'attendre. C'est pourquoi nous vous incitons fortement à faire d'abord passer vos candidats par l'étape « *œuf à la coque* » avant de procéder à des simulations d'entretiens.

MOYENS HUMAINS

La simulation place le candidat face à une personne qui joue le rôle de recruteur. C'est le plus souvent le conseiller qui suit le candidat ou tout autre conseiller habitué à la démarche d'accompagnement ou un tiers choisi en raison de ses compétences professionnelles. En effet, pour que l'entretien soit réaliste, il est souhaitable que le recruteur puisse pousser le candidat dans ses retranchements aussi bien dans son relationnel que dans les aspects techniques de son métier, sinon il serait difficile de savoir comment il va se défendre face à un professionnel averti.

Mais nous savons bien qu'aucun conseiller ne peut connaître l'infinie palette des métiers possibles (chaudronnier-métallier, vendeur en alimentaire, développeur Java-J2E, plaquiste, prothésiste dentaire, grutier portuaire...), sans compter les métiers méconnus parce que récents comme ITEcien (professionnel de l'Isolation Thermique par l'Extérieur). C'est pourquoi, certaines structures s'appuient sur un réseau de « parrains » contribuant bénévolement à l'accompagnement ; elles peuvent alors se mettre en quête d'un parrain qui connaît bien le métier du candidat.

Si ce choix s'avérait impossible, le recruteur risque de manquer de crédibilité et amoindrir l'efficacité de la méthode.

MOYENS VIDÉO

Pour être efficace, la simulation doit être filmée de manière à pouvoir en faire l'analyse a posteriori, soit entre le candidat et le recruteur, soit parfois en présence d'un groupe, comme nous le verrons plus loin.

Jusqu'à une date récente, l'enregistrement était rendu difficile par le coût de caméscopes parfois délicats à utiliser ou à connecter à un téléviseur. Tout a changé avec l'apparition des tablettes tactiles. Il est très facile de positionner une tablette sur un support face au candidat, de telle sorte qu'elle prenne dans son champ son visage et ses mains. Vous serez alors libre de vos gestes pour prendre des notes et observer des détails hors champ comme les mouvements de pieds et de jambes. Cette disposition facilite considérablement les simulations.

Certains candidats apportent même leur tablette personnelle pour revoir la séquence à domicile ; **encouragez cette excellente pratique** qui les incite à travailler chez eux.

CONSEIL

Veillez à ce que la tablette soit assez proche du candidat pour que la prise de son soit bonne.
Faites un test lorsque vous utilisez un matériel pour la première fois.

DURÉE DE L'ENTRETIEN

Le plus souvent, un entretien dure environ 10 minutes. Puis, vient une phase de débriefing où l'animateur décrypte avec le candidat le film de l'entrevue, ce qui peut prendre de 10 à 15 minutes.

Au total, si on prend en compte la mise en place, l'opération demande environ une demi-heure. C'est très acceptable en accompagnement individuel ; c'est plus difficile lorsque l'animateur doit faire passer tout un groupe, ce dont nous parlerons un peu plus loin.

Pour que cet exercice porte véritablement ses fruits, il est conseillé de réaliser une seconde simulation quelques jours plus tard, en changeant si possible de recruteur, pour voir si le candidat a corrigé certains de ses défauts et amélioré la qualité de son discours.

DÉBRIEFING

Attirez l'attention de votre candidat sur des attitudes bloquantes qui lui sont si naturelles qu'il ne les remarque même plus (cacher son visage derrière sa main ou son CV, remettre sans cesse ses cheveux en ordre, ne pas regarder le recruteur, faire « clic-clic » avec son stylo-bille...). Usez de tout votre tact pour ne pas le blesser, mais sachez le convaincre que ce qui est gênant lors d'une simulation peut devenir très pénalisant en contexte réel.

Veillez à le **rassurer**, le **valoriser** en mettant l'accent sur ce qu'il fait bien et invitez-le à s'entraîner sans cesse ; plus il s'entraînera, meilleure sera sa prestation.

SIMULATIONS D'ENTRETIENS EN GROUPE

On peut mener la simulation en présence d'autres candidats dont le tour viendra ensuite à tour de rôle et qui, dans un premier temps, doivent bien entendu rester muets.

Certains candidats peuvent trouver inconfortable de devoir s'exprimer devant un public, fut-il restreint et bienveillant. Il n'est pas question de les forcer mais faites-leur remarquer qu'un entretien véritable peut aussi se dérouler devant plusieurs personnes et qu'il est préférable de s'y préparer.

Avant de commencer, vous pouvez laisser aux participants un bref moment de réflexion (5 à 10 minutes) pour que les uns et les autres puissent préparer leur prise de parole. La simulation proprement dite se déroule ensuite comme vu précédemment.

Immédiatement après la prestation de chaque candidat, un **débriefing est effectué en commun**. Ceci oblige à disposer d'un grand écran ou d'un vidéoprojecteur, de telle sorte que toutes les personnes présentes puissent voir les détails que l'animateur commente.

Le processus étant assez long, vous ne pourrez enchaîner guère plus de deux ou trois entretiens mais leur efficacité reste excellente. En effet, **les échanges qui s'établissent pendant le débriefing sont plus efficaces qu'une analyse en solo**, chacun tirant profit des remarques qui ont été adressées aux autres.

CONSEIL

Il est impératif que vous testiez vous-même à l'avance l'usage et la connectivité de tous les appareils que vous aurez à utiliser.

Conseiller

Les pages qui suivent sont destinées aux conseillers.

ATELIER COLLECTIF D'IMPROVISATION

Cet atelier a pour but d'habituer les participants à faire preuve de réactivité et d'à-propos pour répondre avec pertinence à toutes les questions qui peuvent surgir lors d'un entretien, si inattendues ou déconcertantes soient-elles, qu'il s'agisse d'un recrutement mais aussi de toute autre situation nécessitant de l'aisance et une bonne capacité d'improvisation (négociation commerciale, réunion d'équipe en entreprise, discours impromptu, etc.).

Chaque fois que nous avons fait cet exercice avant un atelier de simulations d'entretiens, nous avons constaté que la qualité de ces entretiens était très nettement meilleure ; les candidats étaient bien plus crédibles.

PRÉSENTATION DE L'OUTIL

Ce jeu est l'une des composantes du *Mobilithon* (marque déposée), un ensemble d'outils développés par Line Dorion et Bernard Legrand au milieu des années 2000 en vue de faciliter l'accès ou le retour à l'emploi de personnes d'âges, de niveaux et profils très variés.

Régulièrement réactualisé, cet outil a été exploité avec succès sur de nombreux groupes de chercheurs d'emploi, sous l'égide d'organismes très divers qui les suivaient dans la durée (entreprise, Maison de l'emploi, Mission locale, Grande école ou université).

Cet atelier s'appuie sur un jeu de cartes sur lesquelles sont inscrites des questions semblables à celles qu'il arrive de poser au cours d'un entretien d'embauche.

Cet outil s'utilise en groupe et uniquement en groupe.

En aucun cas, il ne faut utiliser ce jeu en accompagnement individuel ou avec un groupe de moins de 6 personnes ; les effets de groupe ne jouant plus, l'outil n'atteindrait aucun de ses objectifs.

Il importe peu que les personnes se connaissent ou ne se connaissent pas.

CONFIGURATION ET DYNAMIQUE DU JEU

Six à huit personnes sont assises autour d'une table ; elles seront les « acteurs ». Si le groupe est plus important, les autres personnes peuvent se tenir autour des acteurs ; ce seront des « observateurs », qui devront provisoirement rester muets. Les participants passeront à intervalles réguliers du rôle d'acteur à celui d'observateur.

Ceci permet de travailler très efficacement avec des groupes assez importants. Il nous est arrivé de travailler avec 24 personnes, réparties en 3 groupes de 8, avec des résultats vraiment excellents.

Les uns après les autres, les joueurs tirent une carte, et posent la question inscrite sur celle-ci à un autre joueur qui doit y répondre de manière simple et concise. Celui qui a répondu tire à son tour une question et la pose à un autre joueur, et ainsi de suite, jusqu'à boucler le tour de table en posant la dernière question à celui qui avait posé la première.

Chaque tour de table est ensuite analysé en commun. Les échanges très riches qui s'établissent alors entre joueurs permettent de clarifier quelles erreurs ont été commises et offrent souvent un éventail de réponses très simples, si naturelles que chacun peut se les approprier à sa manière.

CE QU'APPORTE CE JEU

Tous les joueurs acquièrent par le jeu de nombreux comportements réflexes qui vont les aider à mieux gérer leurs futurs entretiens :

- acteurs et observateurs découvrent qu'ils **perçoivent chaque hésitation**, chaque trémolo dans la voix **trahissant le trouble ou l'embarras** de la personne qui répond. Ils comprennent vite que si eux-mêmes le ressentent, rien n'échapperait à un recruteur aguerri ;
- le groupe détecte également les **réponses surjouées, non sincères** ou de pure convenance qui se voient comme le nez au milieu de la figure, au point de mettre parfois tout le monde mal à l'aise. Jamais les joueurs ne commettent deux fois cette erreur ;
- ils constatent avec surprise qu'un candidat peut **trébucher sur une question anodine**, uniquement parce qu'il est préoccupé par sa réponse précédente ou parce qu'il soupçonne un piège, là où il n'y en a pas. Ce constat les aide à prendre de la distance et à répondre aux questions pour ce qu'elles sont et non pour ce qu'elles pourraient être ;

- après quelques tours de table, les joueurs acquièrent une aisance et une capacité d'improvisation qui leur permet de **répondre de manière crédible** à des questions qui les auraient mis dans l'embarras une heure plus tôt. Il nous arrive régulièrement d'être surpris par le sens de la répartie acquis par les participants et par la pertinence de leurs réponses.

Les deux ou trois premiers tours de table se déroulent généralement dans un silence pesant ; rien d'anormal à cela car les joueurs sont sous stress même quand ils se connaissent bien, comme c'est le cas pour les élèves d'une même classe ou des collègues de travail. Après deux ou trois tours de table, l'ambiance se détend complètement et tous prennent part à ce qui est vraiment devenu un jeu.

TRAVAILLER *EN* CONTEXTE OU *HORS* CONTEXTE ?

Une question telle que « *Le stress vous incite-t-il à vous dépasser ?* » peut concerner n'importe quel candidat, quel que soit son projet professionnel ; c'est une question « hors contexte ».

Mais à la question « *Pourquoi le poste que nous proposons vous attire-t-il ?* », on ne peut répondre que si on la rattache à une offre d'emploi précise qui permet de répondre de manière argumentée et circonstanciée. Ce travail « en contexte » est plus formateur mais vous impose de prévenir les joueurs une semaine à l'avance afin qu'ils viennent avec la description d'un emploi auquel ils aimeraient postuler, même s'ils n'ont pas encore acquis les qualifications nécessaires.

PRÉPARATION MATÉRIELLE

Pour animer cet atelier, vous pouvez utiliser un jeu de questions qui vous soit propre ou les 150 cartes-questions de la méthodologie Mobilithon spécifiquement adaptées à cet usage (disponibles sur commande auprès de la librairie L'Alinéa à Martigues, *lalinea2@wanadoo.fr*).

Retirez du jeu de cartes celles qui ne conviennent pas à la population du groupe selon qu'il est constitué de quinquas ou de jeunes. Si vous travaillez « hors contexte » (cas le plus fréquent), supprimez aussi les questions qui nécessitent un contexte. Si vous utilisez les cartes *Mobilithon*, vous pouvez rapidement identifier les cartes « Jeune », « Senior » ou « À contexte », repérées par des pictogrammes de couleurs.

Comme les joueurs vont faire circuler ce paquet de cartes entre eux, bannissez tout assemblage de tables qui laisserait un trou au centre.

COMMENT ANIMER LE JEU ?

Commencez par expliquer comment le jeu va se dérouler :

- indiquez les règles de comportement à respecter : personne ne fait de remarque, ne rit, ne se moque, ni ne commente quoi que ce soit pendant un tour de table ;
- stipulez que vous ne jouez pas et ne répondrez à aucune question vous-même ;
- insistez sur le fait que les joueurs peuvent refuser de répondre à une question sans avoir à s'en expliquer.

Le jeu proprement dit se déroule alors comme suit :

- un premier volontaire joue le *recruteur* ; il choisit parmi les autres une personne qui jouera le rôle de *candidat* ; c'est alors seulement qu'il tire une carte (pour éviter que le *recruteur* ne choisisse son *candidat* en fonction de la question tirée) et pose la question au candidat choisi ;
- il doit poser la question **exactement comme elle est formulée** sur la carte, sans formule de politesse, sans ajouter quoi que ce soit, ni chercher à en expliquer les termes car certaines questions sont intentionnellement floues ou ambiguës. Ainsi, la question « *Quelle est la décision la plus difficile que vous ayez eue à prendre ?* » peut concerner aussi bien le domaine privé que le domaine professionnel. Il n'appartient pas au *recruteur* de lever cette ambiguïté, laissant ainsi au *candidat* la liberté de choisir sur quel plan il répondra ;
- le *candidat* doit répondre de manière simple, concise, mais vivante. Des réponses limitées à oui ou non sont du plus mauvais effet en contexte réel ;
- si le *candidat* a répondu de manière trop laconique ou peu claire, vous pouvez le relancer par un bref complément de question. Ne le relancez jamais plus d'une fois ;
- si vous estimez qu'une question est sans objet pour telle ou telle personne, intervenez : écartez cette question et faites-en tirer une autre. La question écartée peut être réintroduite dans le paquet si elle peut convenir à d'autres personnes ;
- si un joueur ne souhaite pas répondre à une question, il le dit simplement sans avoir à s'en expliquer. Son *recruteur* tire alors une nouvelle question et la lui pose. Malgré tout, au moment du débriefing, il faudra lui demander s'il souhaite expliquer son refus.

La plupart du temps, il reconnaît qu'il aurait facilement pu répondre mais manquait de recul. Ce constat est souvent de nature à le désinhiber pour la suite ;

- un *candidat* peut être pris au dépourvu par une question très banale et laisser un silence s'installer. Laissez-lui le temps de mettre ses idées en ordre et fournir sa réponse, sans exercer aucune pression, ni montrer d'impatience. **Votre bienveillance est indispensable**. Il sera instructif, au moment du débriefing, de demander au *candidat* pourquoi il a été embarrassé ;
- en revanche, si le silence dure ou si le joueur montre des signes de panique, reprenez la main, retirez la question et conservez-la en vue du débriefing. Demandez au *candidat* s'il accepte de répondre à une autre question. Dans le cas contraire, inutile d'insister, passez au suivant. Nous savons, par expérience, que certaines questions anodines peuvent raviver des souvenirs personnels douloureux ; il serait indélicat d'en parler, même au cours du débriefing ;
- enfin, si un joueur refuse systématiquement **toutes** les questions qu'on lui pose alors qu'il n'y a ni enjeu ni quelque forme de jugement que ce soit, placez-le face à cette évidence : comment fera-t-il pour refuser de répondre lors d'un vrai recrutement ?
- une fois qu'un *candidat* a répondu, son *recruteur* retourne la carte et la conserve devant lui : elle servira au débriefing ;
- le *candidat* devient alors *recruteur*, choisit comme nouveau *candidat* une personne qui n'a pas encore joué, tire la question suivante et le processus se répète ;
- à la fin du tour de table, le dernier joueur pose sa question à la première personne qui a joué le rôle de *recruteur* ; la boucle est bouclée ; le débriefing peut commencer.

DÉBRIEFING

C'est un moment clé. Comme l'exercice tire sa richesse des réactions du groupe, il faut laisser les participants s'exprimer mais veiller à ce que les règles de respect mutuel soient respectées.

Reprenez, dans l'ordre, chacune des cartes, et demandez d'abord au candidat comment il a vécu cette question. S'est-il senti embarrassé ; pense-t-il avoir donné une réponse appropriée ; avec le recul, donnerait-il maintenant une réponse différente ? Etc.

Demandez au reste du groupe et aux *observateurs* leur propre sentiment. Le plus souvent, ces personnes ont noté maints détails significatifs et suggèrent des réponses très pertinentes.

Enfin, exprimez votre propre ressenti, et faites éventuellement des suggestions de réponses plus valorisantes.

Vous pouvez aussi faire part d'observations concernant l'attitude et la gestuelle du candidat pendant sa réponse, expliciter les signes de nervosité ou de panique que chacun devra apprendre à maîtriser.

Le débriefing est l'occasion de faire passer deux recommandations :

- lorsqu'il formule une réponse, le candidat doit toujours se demander comment elle pourra être ressentie par un recruteur ;
- une réponse doit toujours être formulée de manière positive, comme mentionné en page 125, « Contrôle de la situation ».

Quand un candidat a refusé de répondre à une question, rappelez à tous que ne pas répondre à une question ne doit jamais rompre le dialogue avec le recruteur car ce serait se fermer une porte. Aussi, faut-il apprendre à présenter habilement ce refus.

Passez en revue toutes les questions et ramassez les cartes qui ont été utilisées ; elles ne seront pas remises en jeu.

Tout est prêt pour rejouer un second tour. Faites 3 ou 4 tours de table, puis procédez à l'échange entre *acteurs* et *observateurs* et faites à nouveau 3 ou 4 tours de table.

CONSEIL

Nous vous conseillons vivement de répéter l'opération le lendemain ou dans les trois jours qui suivent pour conserver cette dynamique et renforcer la capacité d'improvisation des participants.

DANS LA MÊME COLLECTION

À la conquête de votre emploi
CV gagnants, Lettres efficaces, Entretiens réussis
Claude Raboutet et Bernard Legrand

Prêt à l'emploi !
60 outils en ligne pour chercher du boulot comme un pro
Philippe Duport

Guide du solo-preneur
Créateur d'entreprise, indépendant, freelance : lancez-vous !
Héloïse Tillinac

Partez à la découverte de vos talents!
Utiliser ses potentiels pour orienter et réussir sa vie professionnelle
Laurence Charneau

Femmes entrepreneurs
Le guide de la création d'entreprise au féminin
Sophie Courtin-Bernardo et Dominique Descamps

6 semaines pour créer mon entreprise
Nathalie Carré

Construire son Business Model et réussir son Business Plan
Pour convaincre investisseurs, banquiers et partenaires
Anne-Laure Juliot

Passez en mode digital
Pour une entreprise plus performante et plus productive
Claire Mouls et Didier Vitrac

Crédits iconographiques (couverture et intérieur) **:** Fotolia

Création maquettes couverture et intérieur - Mise en page : Caroline Verret